Snežana Šimičić • Stephan Fennel

Biker Betten
Motorrad Reisebuch

BIKER WEEKENDS NACHBARLÄNDER

Unterwegs auf Insidertouren der Bikerwirte

Das Autorenteam dieses Buchs: Snežana Šimićič und Stephan Fennel.

Nach dem großartigen Erfolg des Reiseführers Biker-Weekends Deutschland, erscheint es eigentlich nur logisch, ähnliche Vorschläge auch für die an Deutschland angrenzenden Nachbarländer zu machen. Et voilà – da sind sie schon! Biker-Weekends Nachbarländer zielt mit seinen 35 beschriebenen Touren vor allem – aber nicht nur – auf Motorradfahrer ab, deren Wohnort es ihnen leicht macht, schnell mal über eine Grenze zu huschen, um dort zu touren.

Wobei, Grenzen sind das ja eigentlich nicht mehr. Alle neun Nachbarländer – Dänemark, die Niederlande, Belgien, Luxemburg, Frankreich, die Schweiz, Österreich, die Tschechische Republik sowie Polen – gehören dem Schengenraum an, der ungehindertes Reisen zwischen diesen Ländern ermöglicht. Man darf sich in unseren Zeiten ruhig mal in Erinnerung rufen, dass dies keine Selbstverständlichkeit war (und anderswo auf der Welt ist). Das Schengen-Abkommen ist dabei nur einer der vielen Vorteile, die ein vereinigtes Europa, über das oft zu Unrecht geschimpft wird, uns Motorrad-Reisenden gebracht hat.

Für jede Interessenlage

Die Routen, die in diesem Reiseführer beschrieben werden, setzen zudem ganz unterschiedliche Schwerpunkte. Mal steht spaßiges Motorradfahren über Pässe und Bergstraßen im Mittelpunkt, mal kulturelle Sehenswürdigkeiten oder – natürlich – auch kulinarische Erlebnisse. So ist für jede

Interessenlage etwas dabei, man kann sich also nach Herzenslust austoben.

Ein ebenso interessanter Aspekt dürften auch die geografischen Unterschiede der einzelnen Länder sein. Wer mit dem Motorrad verreist, hat heutzutage nicht mehr zwangsläufig die Berge im Visier. Immer mehr Menschen sehen sich zunächst als Reisende, zweitrangig als Motorradfahrer, und nutzen ihre Maschine einfach gerne für einen Wochenendtrip oder kompletten Urlaub. Das Motorrad ist für sie also lediglich das bevorzugte Verkehrsmittel, wenn es um einen gelungenen Urlaub geht.

Schneller Tapetenwechsel

Wer entlang einer Grenze lebt, wird diese sicher gerne mal überschreiten und hinter ihr nach Abwechslung vom eigenen Alltag suchen. Es ist ein schneller Tapetenwechsel, bei dem es ziemlich egal ist, ob Höhenrekorde gebrochen werden oder Kurvengetümmel lockt. Natürlich sind solche Straßen das Salz in der Suppe eines Motorradfahrers – aber sie sind wahrlich nicht alles, worauf es uns ankommt.

In Dänemark zum Beispiel haben wir uns in den Museen des kleinen Königreichs sehr wohl gefühlt. Zwischen den Meeren unterwegs zu sein, ist ein zusätzlicher Genuss. Ähnliches gilt für die Niederlande, das übrigens erstaunlich kurvenreiche Strecken entlang der unzähligen Kanäle des platten Lands zu bieten hat. Und wo kann man schon dutzende Kilometer am Stück über gigantische Deiche cruisen, sich dabei den Wind um die Nase wehen lassen und das Schauspiel der Gezeiten betrachten? In den Alpen jedenfalls nicht!

Mittelgebirge sind sowieso faszinierend, denn sie bieten unserer Meinung nach die beste und für jeden taugliche Verknüpfung von Fahrfreuden mit touristischen Erlebnissen. Das können die Ardennen in Belgien wie auch im nördlichen Luxemburg, das Elsass uns die Vogesen, das französische Jura, der tschechische Böhmerwald oder das Riesengebirge in Polen sein. Und in genau diese Gegenden entführt euch ein Großteil der von uns entwickelten Biker-Weekends.

Viele Erlebnisalternativen

Mit der Schweiz und Österreich gibt es aber auch zwei Alpenländer als Nachbarn Deutschlands. Hier steht das Bergerlebnis klar im Vordergrund. Trotzdem weisen wir euch auch hier den Weg zu Erlebnisalternativen. So, wie wir das in **ALPENTOURER** – Europas Motorrad-Tourenmagazin – machen, das von uns bereits seit 2006 zweimonatlich herausgegeben wird.

Auf **www.alpentourer.eu** findet ihr daher Dutzende weiterer Anregungen zu Touren in Deutschland, den Nachbarländern und anderen Regionen Europas. Schaut doch mal rein!

Snežana Šimičić & Stephan Fennel

YAMAHA

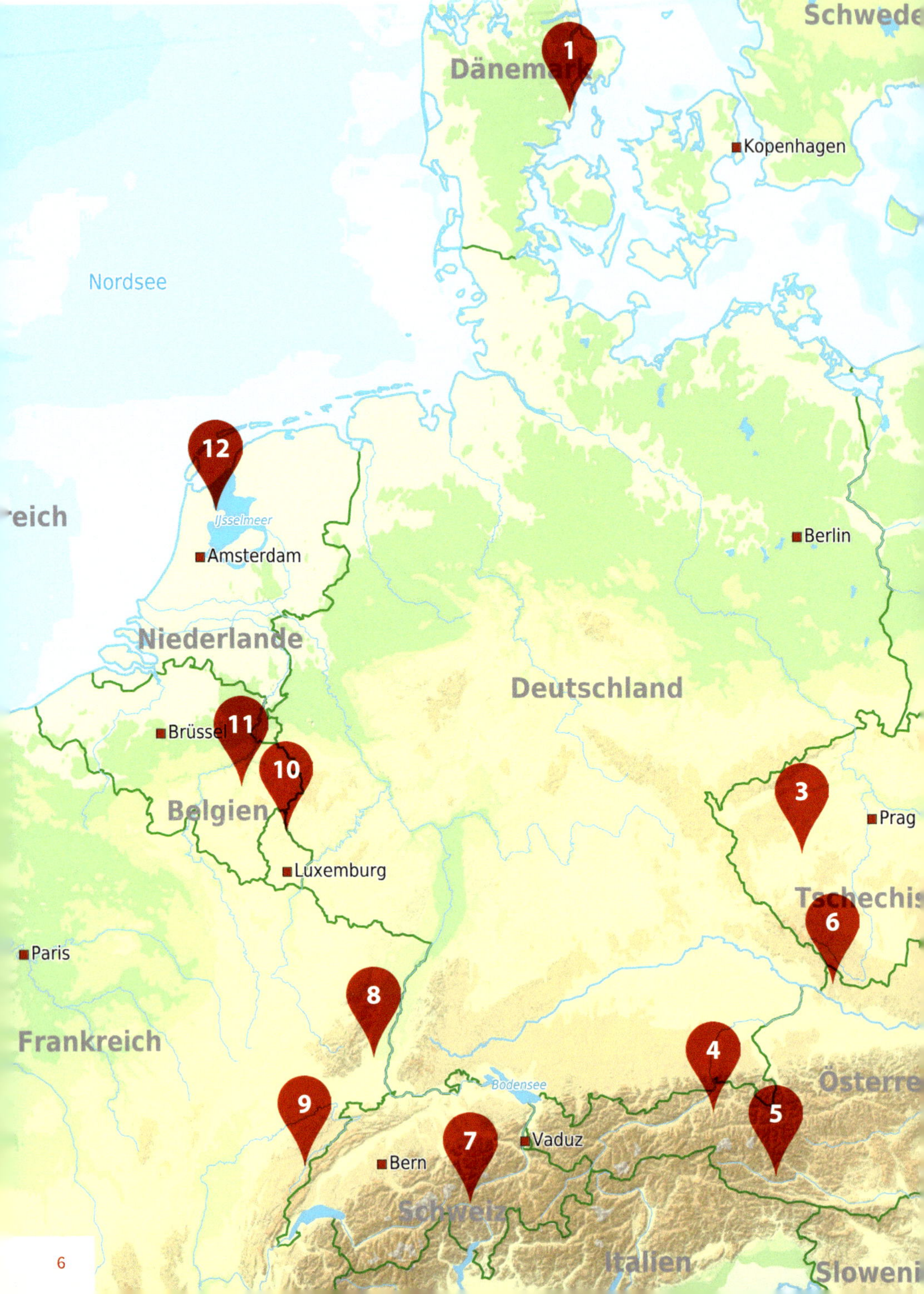
Schwede
1
Dänemark
Kopenhagen
Nordsee
12
reich
IJsselmeer
Amsterdam
Berlin
Niederlande
Deutschland
Brüssel
11
10
3
Belgien
Prag
Luxemburg
Tschechis
6
Paris
8
Frankreich
4
Bodensee
Österre
9
5
7
Vaduz
Bern
Schweiz
Italien
Sloweni

Ostsee
Polen
2
e Republik
Slowakei
Wien
Pressburg
Budapest
Lake Balaton
Ungarn
Zagreb (Agram)
Serbien

Nieder mit den **Vorurteilen**

Dänemark ist ein schönes Reiseland – für Öko-Urlauber –, aber doch nichts für Motorradreisende! Mit diesem Vorurteil hat das Königreich zu kämpfen. Zugegeben: Pässe und hohe Berge gibt es hier nicht. Dafür idyllische Landschaften und viel Kultur, die auch motorisierten Urlaubern eine ganze Menge Spaß bereiten. Außerdem wurde mit der Margeritenroute eine formidable, insgesamt 3500 Kilometer lange Themenroute aufgelegt, die sich meist über idyllische Pfade abseits der Hauptverkehrsstraßen durch das Land schlängelt und am Wegesrand immer wieder Attraktionen zu bieten hat. Diese drei Touren folgen natürlich nur einem Teil der Strecke, die sogar königliche Wurzeln hat: Die Straße wurde anlässlich des 50. Geburtstages der dänischen Königin Margarethe II im Jahre 1990 eingeweiht.

Kurze Pause an einer einsamen Kirche.

DÄNEMARK

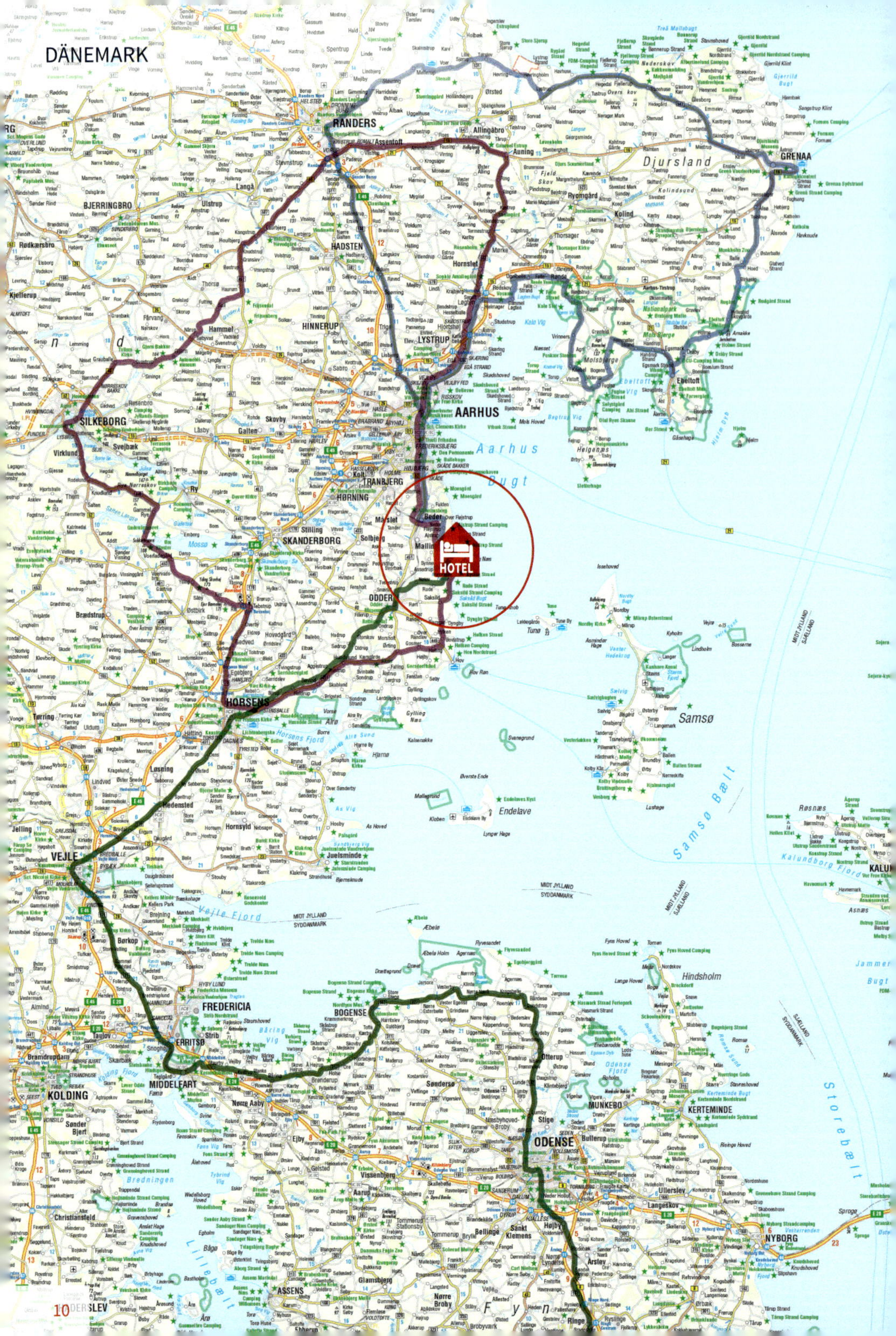
RANDERS
GRENAA
Djursland
HADSTEN
HINNERUP
LYSTRUP
AARHUS
Aarhus Bugt
SILKEBORG
SKANDERBORG
HØRNING
TRANBJERG
ODDER
HOTEL
Tunø
Samsø
Endelave
HORSENS
VEJLE
FREDERICIA
MIDDELFART
KOLDING
BOGENSE
ODENSE
KERTEMINDE
NYBORG
Storebælt
Lillebælt
Samsø Bælt
Ebeltoft

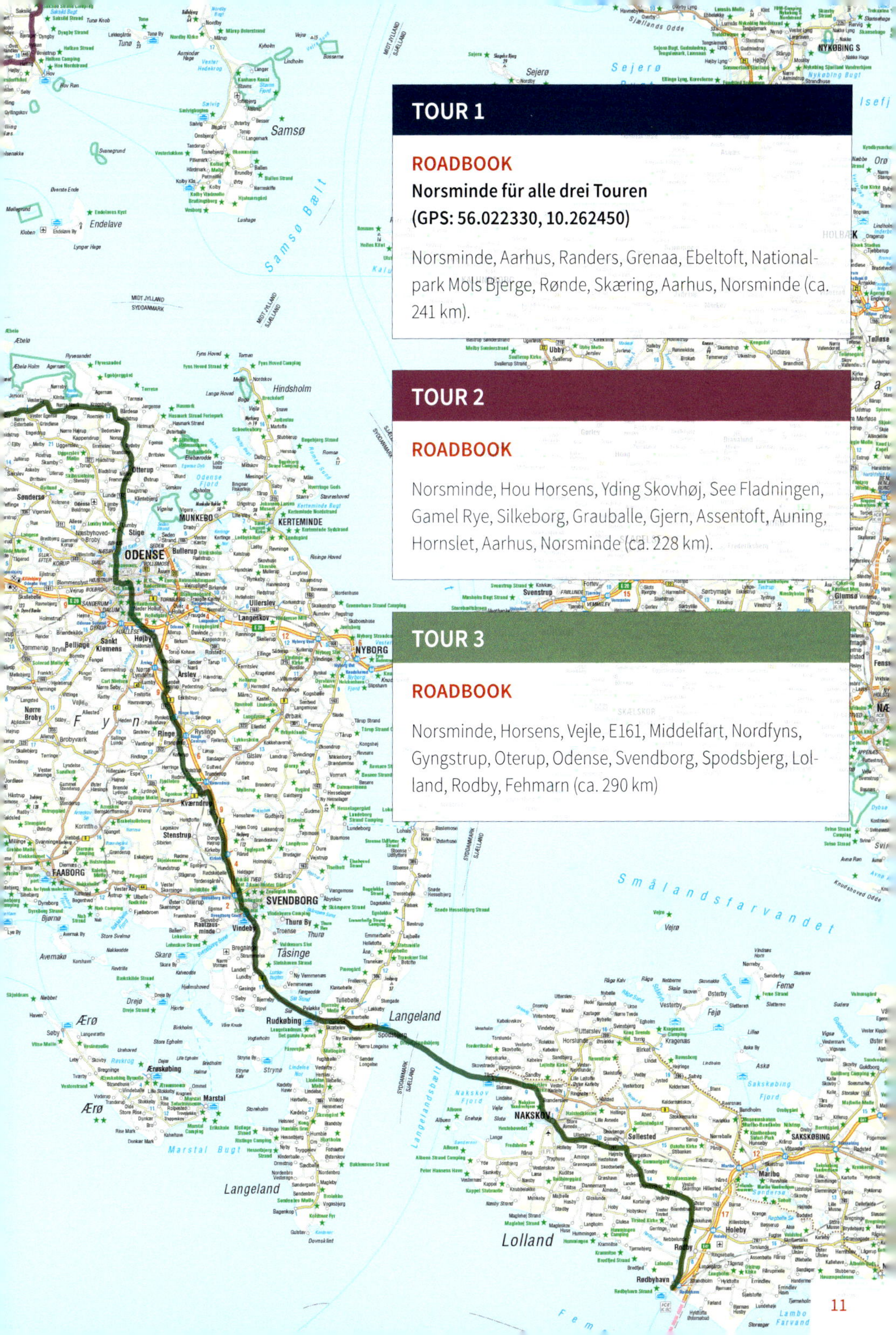

TOUR 1

ROADBOOK

Norsminde für alle drei Touren
(GPS: 56.022330, 10.262450)

Norsminde, Aarhus, Randers, Grenaa, Ebeltoft, Nationalpark Mols Bjerge, Rønde, Skæring, Aarhus, Norsminde (ca. 241 km).

TOUR 2

ROADBOOK

Norsminde, Hou Horsens, Yding Skovhøj, See Fladningen, Gamel Rye, Silkeborg, Grauballe, Gjern, Assentoft, Auning, Hornslet, Aarhus, Norsminde (ca. 228 km).

TOUR 3

ROADBOOK

Norsminde, Horsens, Vejle, E161, Middelfart, Nordfyns, Gyngstrup, Oterup, Odense, Svendborg, Spodsbjerg, Lolland, Rodby, Fehmarn (ca. 290 km)

Tour 1 Museen in Jütland

Dänemark, unser nördlicher Nachbar, ist das kleinste skandinavische Land und das älteste Königreich Europas. Königin Margrethe II ist eine Nachfahrin von König Gorm dem Alten, der bereits vor über 1000 Jahren regierte. Seit 1973 ist Dänemark Mitglied der EU. Es besteht aus der Halbinsel Jütland und aus 407 Inseln, von denen knapp 80 bewohnt sind. Der Basisort für alle drei Touren durch Dänemark befindet sich zentral in Jütland, heißt Norsminde und liegt äußerst beschaulich am gleichnamigen und vier Kilometer langen Fjord, der von seinem Hafen und dem umliegenden Naturschutzgebiet geprägt ist.

Altstadt von Aarhus, Dänemarks zweitgrößter Stadt.

Historischer Stadtkern

Die ersten Fahrkilometer führen dann auch durch Wälder, die wie verzaubert wirken, bis nach Aarhus. Die Stadt war schon vor rund 1000 Jahren eine bekannte Hafen- und Handelsmetropole, deren Annehmlichkeiten bereits die Wikinger zu schätzen wussten.

Mittlerweile hat sie sich zu einer modernen skandinavischen Stadt mit historischem Altstadtkern gemausert. Sie ist die Heimat des ARoS Kunstmuseums. Dazu aber später mehr, denn zunächst gilt es das äußerst sehenswerte Freilichtmuseum Gamle By vor den Toren der Stadt zu entdecken. Unzählige Gebäude wurden in ganz Jütland abgebaut, zusammengetragen und hier originalgetreu wieder aufgebaut. Traditionell gekleidete Schauspieler demonstrieren außerdem verschiedenste handwerkliche Fähigkeiten von anno dazumal. Es wird geschmiedet und geflochten, gebacken und geräuchert.

Moorleiche im Moesgård Museum.

Makabre Attraktion

Einige Kilometer weiter wartet dann wieder ein Museum, allerdings eines der komplett anderen Art: Die Hauptattraktion im Moesgård Museum ist eine Moorleiche, bestens erhalten und aus der Eisenzeit stammend. Außerdem zählt die Sammlung der Wikingerwaffen zu den umfassendsten Ausstellungen über die Nordmänner in Skandinavien.

Gute 40 Kilometer weiter gen Norden führt die Route dann weiter nach

Das Freilichtmuseum Gamle By bietet historische Häuser (l. Seite oben) und Schauspieler (links).

Randers, das sich ebenfalls sehr pittoresk an einen Fjord, er heißt Randesfjord, anschmiegt. Die Wurzeln der Hafenstadt liegen wie fast alle Dänemarks in der Wikingerzeit. Seinerzeit war Randers aufgrund der strategisch guten Lage eine beliebte Siedlung der Nordmannen. Als deren Ära jedoch endete, ging es auch mit Randers zunächst bergab. Erst im 11. Jahrhundert wurde es durch Fischer und Händler wiederbelebt.

Allerdings gab es im darauf folgenden Jahrhundert gleich drei Großbrände, sodass von der ursprünglichen Bausubstanz kaum noch Spuren erhalten geblieben sind. Dafür ist die St.-Mortens-Kirche aus dem 15. Jahrhundert und das 1778 errichtete barocke Rathaus sehenswert. Einen Besuch wert ist zudem das um 1690 errichtete Schloss Clausholm, welches einen der größten Barockgärten Dänemarks besitzt.

Fregatte Jylland in Ebeltoft (unten) und Fahrt durch den Nationalpark Mols Bjerge (rechts).

Jütlands schönstes Dorf

Über Grenaa geht es weiter nach Ebeltoft, von dem nicht wenige behaupten, dass es eines der schönsten Dörfer Jütlands sei. Seine Anziehungskraft hat es wohl einer besonderen Attraktion zu verdanken: Hier liegt die Fregatte Jylland im Trockendock. Wer nett fragt, darf am Parkplatz vorbei durch ein Tor bis vor den Bug des Schiffs rollen. Erbaut wurde die Jylland 1857 als letztes Marineschiffs aus Eichenholz. Damit freilich war die Fregatte schon kurz nach ihrem Stapellauf technologisch veraltet.

Längst kam Eisen statt Holz im Schiffsbau zum Einsatz. Die auf den imposanten 71 Metern Länge verteilten Kanonen mussten noch umständlich von vorne geladen werden, obwohl längst Hinterladerversionen der todbringenden Geschütze benutzt wurden. Dennoch segelte die Jylland 1864 zum Seegefecht vor Helgoland. Es blieb ihr einziger nennenswerter Einsatz. Ab 1908 sollte sie immer mal wieder abgewrackt werden, was Fans der Segelschifffahrt aber stets zu verhindern wussten. Seit 1984 steht sie komplett restauriert und in ganzer Pracht in Ebeltoft.

Im Anschluss umkreist man die Bucht und schlägt sich in die Mols Bjerge. Seit 2007 ist die 180 Quadratkilometer große Dünenlandschaft im Osten der jütländischen Halbinsel Djursland offiziell Nationalpark. Auf dem Motorrad sind die Sandberge natürlich nicht zu erklimmen. Doch obwohl die Angelegenheit zu Fuß eine schweißtreibende ist, lohnt sich die Mühe alleine schon wegen der sich darbietenden Weitsicht in die Umgebung. Kurze Zeit später will dann auch schon das quirlige Rønde erkundet werden. Die Stadt befindet sich direkt am nordwestlichen Ausläufer des Nationalparks und kann mit hübschen Einkaufsstraßen und einem schön gestalteten Stadtpark überzeugen.

Ähnliche Sprache

Das wichtigste touristische Aushängeschild befindet sich aber gut zwei Kilometer vom Stadtzentrum entfernt und heißt Kalø Slotsruin. Richtig, es handelt sich um eine Schlossruine. Wie dieses Beispiel zeigt, lassen sich im Übrigen viele dänische Vokabeln einigermaßen gut herleiten. Nach wenigen Tagen im Land gelingt das Lesen immer problemloser und selbst die Verständigung mit den Einwohnern klappt meist reibungslos (zumal die meisten Dänen des Englischen mehr als nur mächtig sind ...). Mit einem letzten Schwenk gen Süden ist dann auch Norsminde schon wieder erreicht. ◂

TOUREN-STECKBRIEF

STRECKENLÄNGE
ca. 241 km

DAUER Tagestour

HIGHLIGHTS Diese Tour ist von den zu besichtigenden Museen geprägt. Im Freilichtmuseum Gamle By geht es ebenso um die Vergangenheit wie Moesgård Museum, das Schloss Clausholm bietet einen der größten Barockgärten Dänemarks, die Fregatte Jylland ist die letzte ihrer Art und Kalø eine Schlossruine.

CHARAKTER
Bei dieser Tagestour handelt es sich, wie bei den beiden anderen auch, um eine leichte Tour. Dies ist der Topographie des Landes zu verdanken. Größere Herausforderungen für Motorradfahrer gibt es kaum, sodass sich das Land bestens für Anfänger oder Wiedereinsteiger anbietet.

Tour 2 Auf der Margeritenroute

Auch die zweite Dänemark-Tour beginnt in Norsminde, führt dann aber statt Richtung Norden in den Süden. Über das kleine Küstendörfchen Hou geht es entlang des Horsens Fjords an der Ostküste der dänischen Halbinsel Jütland. Er erstreckt sich von den Inseln Alrø und Hjarnø im Osten bis zur Stadt Horsens auf dem Festland und ist ungefähr 20 Kilometer lang.

In Horsens heißt es Richtung Norden zu schwenken, um sich in diesem Teil des Landes zumindest auf ein kleines Stückchen der Margeritenroute zu begeben. Sie steht für Sommer, Sonne und gute Laune. Außerdem ist die Margerite das ausgewiesene Lieblingsgewächs der dänischen Königin Margrethe II. Was also lag näher, als die größte touristische Themenroute des Landes nach der beliebten Blume zu benennen? 3 500 Kilometer schlängelt sich die mit einer Margeritenblüte markierte Strecke durch ganz Dänemark.

Perlen-Schnur

Dabei führt sie gerade in Jütland meist über idyllische Pfade abseits der Hauptverkehrsstraßen – bestens geeignet zum Motorradreisen also. Mehr

Idylle am Horsens Fjord.

als 1000 touristische Attraktionen liegen dabei am Wegesrand wie Perlen auf einer Schnur. Wer sich auf die Margerite verlässt, wird Dänemark von seinen schönsten Seiten entdecken können. Auf dieser Route sollte man besonders aufmerksam sein, da man sonst wohl nicht bemerken würde, den höchsten Gipfel Dänemarks erklommen zu haben.

Warum dies der Fall ist? Yding Skovhøj ist atemberaubende 171 (!) Meter hoch. Außerdem passt er zu gut in die sich präsentierende Hügellandschaft, über die sich die kleinen Wege schmiegen, die einen schon kurz darauf durch die malerische Seenlandschaft von Fladningen und weiter nach Gammel Rye führen. Das kleine Städtchen war im Mittelalter angeblich mal ein Wallfahrtsort. Grund soll das nahe gelegene Kloster Øm sein, das gut vier Kilometer südlich von Gammel Rye gestanden hat. Die Betonung liegt auf der Vergangenheit, da heutzutage lediglich noch die Überreste des alten Zisterzienser-Gemäuers hier zu finden sind.

Wenig später ist dann auch schon das Silkeborg erreicht, das sich mehr

Kurze Orientierungspause in Aarhus.

Yding Skovhøj: mit 171 Metern der höchste Berg Dänemarks.

TOUREN-STECKBRIEF

STRECKENLÄNGE
ca. 228 km

DAUER
Tagestour

HIGHLIGHTS
Yding Skovhøj, mit 171 Metern der höchste Punkt Dänemarks, die hübsche Hafenstadt Silkeborg, Automobil- und Motorradmuseum in Gjern, ARoS Kunstmuseum in Aarhus.

CHARAKTER
Auf dieser Tour wandelt man zumindest teilweise auf der berühmten dänischen Margaritenroute. Dabei passiert man so manches Gewässer und sogar den höchsten Punkt des Landes.

als hübsch an die umliegende Seenlandschaft anschmiegt. Das Stadtgebiet befindet sich zu beiden Seiten des Silkeborg Langsø. Dieser wird wiederum vom Gudenå, dem längsten Fluss Dänemarks durchflossen. Außerdem entfalten sich in den 224 Quadratkilometern Umland insgesamt mehr als 50 Seen und ein Waldgebiet. Damit ist Silkeborg Søhøjland das größte Naturgebiet im ganzen Land.

Einige der alten Schätze Auto- und Motorradmuseums Jytlandic durften von der Autorin getestet werden.

Alte Schätze

Hier schwenkt die Route in nordwestliche Richtung in das Städtchen Gjern. Dort lockt das kleine, aber sehr sehenswerte Automobil- und Motorradmuseum Jytlandic. Die Sammlung hat

rund 150 Modelle von etwa 70 verschiedenen Marken vorzuweisen, sodass man sich für die Erkundung ein wenig Zeit lassen sollte.

Grundsätzlich ist Jütland bekannt für seine hohe Museumsdichte. Zu so ziemlich jedem, gerne auch skurrilen Thema, hat irgendein Privatmann eine mal mehr oder weniger große Ausstellungsfläche realisiert.

Ein gutes Beispiel dafür findet man wenig später auf dieser Route, die über Assentoft weiter nach Auning führt. Auf dem Weg dorthin kann man dem Dansk Landbrugsmuseum einen Be-

Das ARoS Kunstmuseum in Aarhus beeindruckt mit der Architektur und der ausgestellten Kunst.

such abstatten. Es besitzt eine der weltbesten Sammlungen von Geräten und Maschinen und ist damit ein „Muss“ für Hobbylandwirte und Traktorensammler. Untergebracht ist es aber nicht etwa in einer Scheune, sondern in Gammel Estrup, einem ehemaligen Herrensitz aus dem 12. Jahrhundert.

Zurück sollte man sich dann die Zeit nehmen, das bereits in Tour 1 erwähnte ARoS Kunstmuseum in Aarhus zu besichtigen. Es beherbergt die größte dänische Kunstsammlung außerhalb Kopenhagens. Im Inneren vereinen sich die Werke des goldenen dänischen Zeitalters mit denen der Neuzeit zu einer Präsentation, über die man fast vergessen könnte, dass man zum Motorradfahren nordwärts gereist ist. ◂

Gammel Estrup, ein ehemalige Herrensitz, beherbergt heute ein Landgerätemuseum.

Tour 3 Des Dichters Heimat

Von Norsminde aus lässt sich ganz prima die Insel Fünen erkunden. Manch einer dürfte schon einmal von diesem Eiland in der Region Syddanmark gehört haben. Schließlich ist sie Dänemarks drittgrößte Insel und – Märchenfans werden es wissen – die Heimat von Hans Christian Andersen, dem wohl berühmtesten Schriftsteller des ganzen Landes. Fünen liegt zwischen dem Kleinen und Großen Belt.

Man hält sich südlich und nimmt dann aber – des Fahrspaßes wegen – nach Velje nicht die Autobahnverbindung, sondern cruist gemütlich über

Bunte Innenstadt von Vejle (oben) und Hans-Christian-Andersen-Skulptur in Odensen (rechts).

die Landstraße E 161 nach Middelfart. Diese verläuft auf der 1200 Meter langen Brücke Lillebæltsbro.

Dann sollte man sich einen Schlenker zur Nordküste der Insel gönnen. Dort ist nicht nur das Meer allgegenwärtig, es locken auch hübsche historische Kleinstädte, die in ihrem Kern idyllische Kopfeinpflaster sowie schiefe Fachwerkhäuser zu bieten haben. Über Oterup geht es dann mitten hinein in den Hauptort Odense.

Historisches Zentrum von Odensen.

Märchen-Onkel

Die Spuren des großen Sohnes der Stadt findet man hier auf Schritt und Tritt. Wer kennt sie nicht aus der Kindheit, die Geschichten von der „Prinzessin auf der Erbse“ oder „Des Kaisers neue Kleider“. Sie alle stammen aus der Feder eines berühmten Dänen. Hans Christian Andersen kam am 2. April 1805 als Sohn des armen Schuhmachers Hans Andersen und seiner Frau Anne Marie Andersdatter in Odense zur Welt. Wo genau, ist bis heute unbekannt – Andersens Eltern, knapp zwei Monate verheiratet, hatten keinen festen Wohnsitz. Erst, als Andersen 1867 bereits Ehrenbürger von Odense war, wurde das kleine,

Blick auf Fyns Hoved, östlich von Fünen auf der Halbinsel Hindsholm gelegen.

TOUREN-STECKBRIEF

STRECKENLÄNGE
ca. 290 km

DAUER
Tagestour

HIGHLIGHTS
Die Insel Fünen, die Heimat von Hans Christian Andersen, ist eine Welt für sich und könnte stundenlang erkundet werden. Sie bietet sich aber auch als Stopover für den Rückweg nach Deutschland bestens an.

CHARAKTER
Die Straßen auf Fünen sind bestens ausgebaut. Auf den Weg zurück nach Deutschland sind diverse Brücken zu überwinden. Außerdem steht eine Fährüberfahrt an.

gelb gestrichene Fachwerkhaus an der Ecke Hans Jensen Stræde und Bangs Boder als Geburtshaus festgelegt. Seit 1908 Museum, gibt das Hans-Christian-Andersen-Haus mit Briefen und Bildern, Scherenschnitten und Zeichnungen, wertvollen Werksausgaben und Zitaten von Zeitzeugen Einblicke in das Leben des dänischen Dichters. Bei der Geburt Andersens war Odense nach Kopenhagen die zweitgrößte Stadt Dänemarks.

Von hier aus könnte man wieder zurück zum Basisort Norsminde fahren – oder sich direkt auf die Heimfahrt Richtung Deutschland begeben. Über Svendborg kommt man wiederum per Brücke auf die nächste Insel Tåsinge. Diese ist mit der Miniaturinsel Siø (deren Fläche nur 1,31 Quadratkilometer beträgt) und die dann schließlich mit Rødbyhavn verbunden, von wo aus man per Fähre bequem nach Fehmarn übersetzt. ◂

Die Brücke Lillebæltsbro verbindet Snoghøj mit der Insel Fünen.

HOTEL INFOS

UNSER BASISLAGER

Die Übernachtung im Königreich Dänemark erfolgt in einem Kro. Was fast wie eine Knäckebrotsorte klingt, ist in Wirklichkeit eine typisch dänische Unterkunftstradition und eine Herbergsvariante, wie sie sich Motorradfahrer kaum besser wünschen können.

Die Wurzeln gehen zurück bis ins Jahr 1283. Damals erging ein königlicher Befehl zum landesweiten Bau von Herbergen. Die königlich lizenzierten unter ihnen durften nicht nur Übernachtungsraum anbieten, sondern auch Schnaps brennen, Bier brauen und vieles mehr.

Das Konzept heute: Es gibt im ganzen Land etwa 100 historische Häuser, die einen starken Bezug zur jeweiligen Region haben. Sie sind recht klein – bieten aber viel Charme und persönliche Gastfreundschaft.

Den „Norsminde Kro" gibt es schon seit 1693. Mit seinem charismatischen Koch und Eigentümer

Søren Pedersen stellt er heute einen der gastronomischen Höhepunkte Dänemarks dar. Die Speisen im Restaurant stammen zum großen Teil aus der Gegend. So wird das Gemüse im eigenen Garten angebaut, das Fleisch stammt aus Solbjerg, der Fisch aus dem Fjord und die Beeren von eigenen Feldern.

Das Norsminde Kro ist auf drei Seiten von Wasser umgeben und hat so eine wundervolle Aussicht auf die malerische Landschaft. Norsminde bedeu-

tet übrigens nichts anderes als: „die Mündung des Fjords".

SPEZIELL FÜR MOTORRADFAHRER

Insgesamt 27 sehr individuelle und charmant eingerichtete Zimmer in fünf unterschiedlichen Kategroien stehen Motorradfahrenden Gästen zur Verfügung. Auf dem hoteleigenen Parkplatz ist ausreichend Platz auch für mehrere Maschinen.

HOTEL

Norsminde Kro
Gl. Krovej 2, DK-8300 Odder / Norsminde
T. +45 86 93 24 44
www.norsmindekro.dk
GPS 56.022330, 10.262450

Berlin
Prag

Bei den **Riesen**

Das 36 Kilometer lange Riesengebirge ist ein grenzüberschreitender Gebirgszug, der sich sowohl über Polen als auch Tschechien erstreckt. Oder anders ausgedrückt: Er bildet die natürliche Grenze zwischen Schlesien und Böhmen. Die Schneekoppe ist mit 1602 Metern die höchste Erhebung. Rund um dieses Gebiet entdeckt man bei Reisen nicht nur spannende Städte mit viel Historie, sondern vor allem formidable Motorradstraßen.

Waldreiche Alleen gibt es im Riesengebirge zuhauf.

TOUR 1

ROADBOOK

Basisort Duszniki-Zdrój für beide Touren (GPS 50.39003, 16.3828)

Duszniki-Zdrój, Kudowa-Zdrój, Náchod, Nové Město nad Metují, Olešnice v Orlických horách, Neratov v Orlických horách, Žamberk, Králíky, Bystrzyca Kłodzka (PL), Lądek-Zdrój, Złoty Stok, Kłodzko, Duszniki-Zdrój (ca. 260 km).

TOUR 2

ROADBOOK

Duszniki-Zdrój, Kudowa-Zdrój, 387, Straße der 100 Kurven, Radków, Tłumaczów, Broumov, Teplice nad Metují, Mieroszów, Zamek Książ, Świdnica, Krzyzowa, Dzierżoniów, Walim, Nowa Ruda, Duszniki-Zdrój (ca. 225 km).

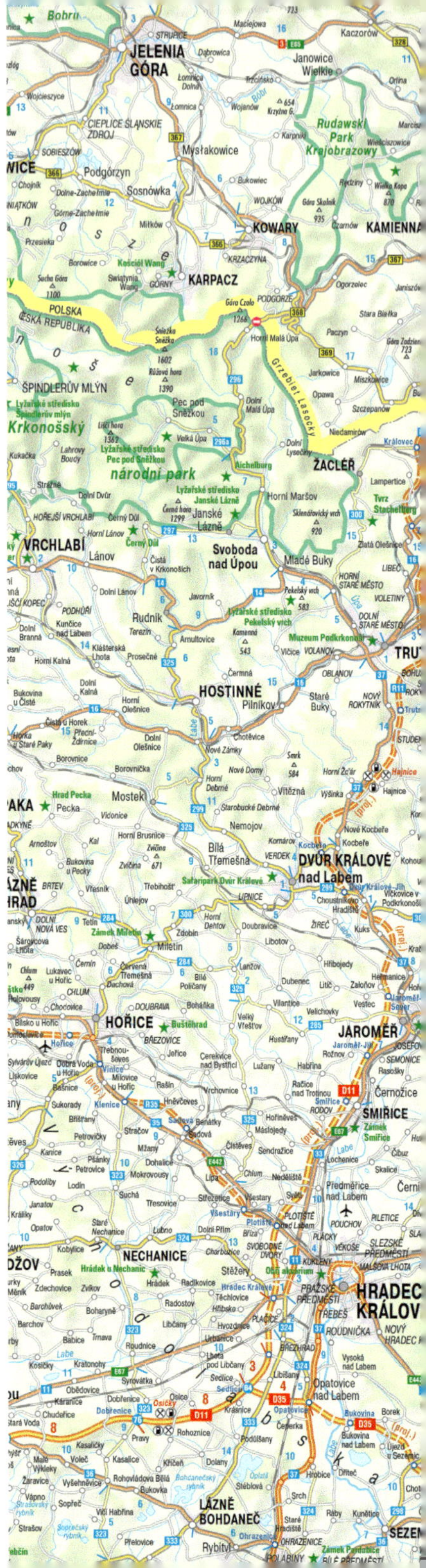

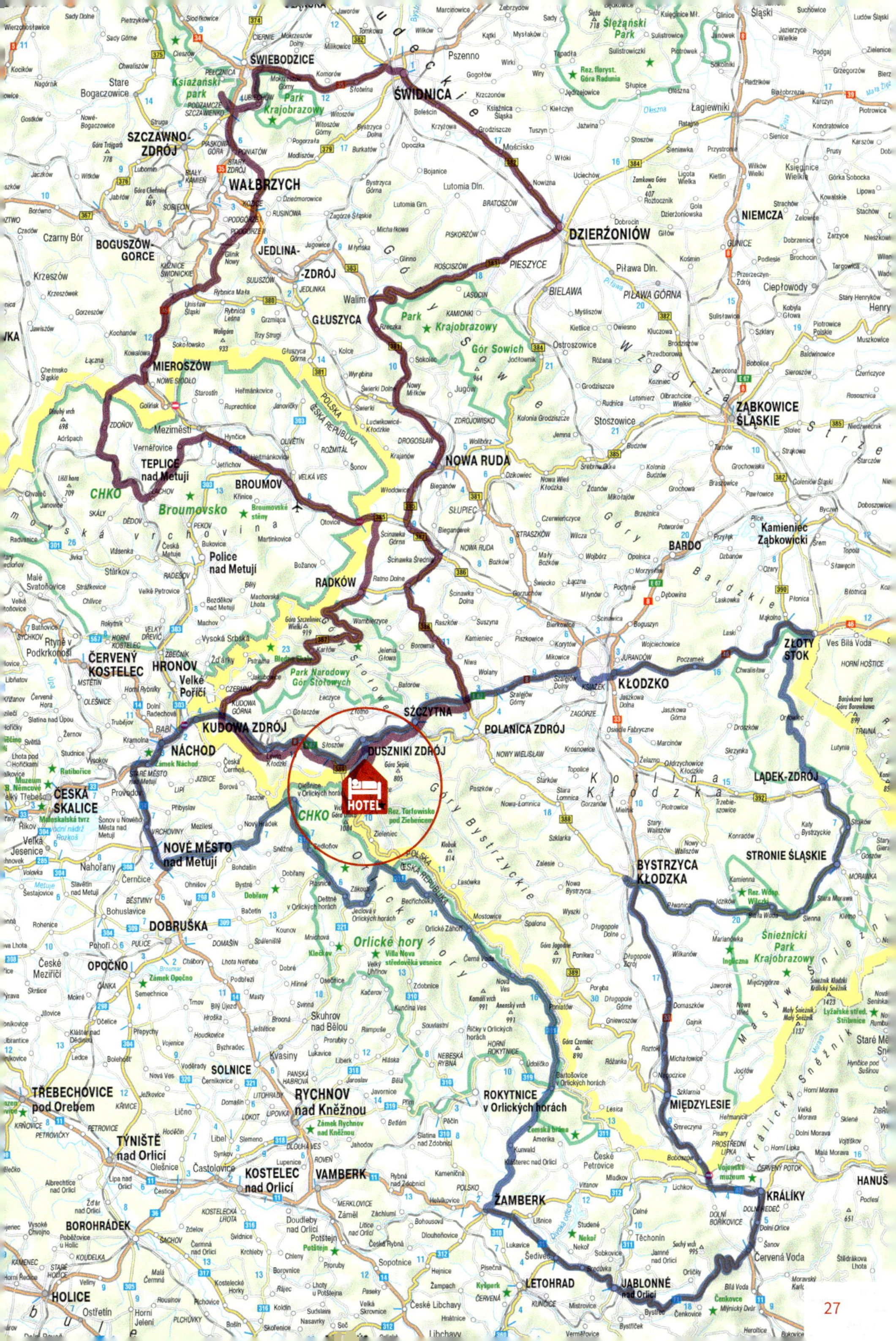
ŚWIEBODZICE
ŚWIDNICA
SZCZAWNO-ZDRÓJ
WAŁBRZYCH
BOGUSZÓW-GORCE
JEDLINA-ZDRÓJ
GŁUSZYCA
DZIERŻONIÓW
PIESZYCE
BIELAWA
PIŁAWA GÓRNA
NIEMCZA
ZĄBKOWICE ŚLĄSKIE
MIEROSZÓW
TEPLICE nad Metují
BROUMOV
NOWA RUDA
RADKÓW
KUDOWA ZDRÓJ
SZCZYTNA
DUSZNIKI ZDRÓJ
POLANICA ZDRÓJ
KŁODZKO
ZŁOTY STOK
LĄDEK-ZDRÓJ
STRONIE ŚLĄSKIE
BYSTRZYCA KŁODZKA
MIĘDZYLESIE
KRÁLÍKY
HANUŠ
ŽAMBERK
LETOHRAD
JABLONNÉ nad Orlicí
ROKYTNICE v Orlických horách
RYCHNOV nad Kněžnou
VAMBERK
KOSTELEC nad Orlicí
TÝNIŠTĚ nad Orlicí
HOLICE
BOROHRÁDEK
TŘEBECHOVICE pod Orebem
SOLNICE
OPOČNO
DOBRUŠKA
NOVÉ MĚSTO nad Metují
NÁCHOD
ČESKÁ SKALICE
ČERVENÝ KOSTELEC
HRONOV
Police nad Metují
Velké Poříčí
HOTEL
CHKO Broumovsko
Park Narodowy Gór Stołowych
Park Krajobrazowy Gór Sowich
Książański park
Park Krajobrazowy
Ślężański Park
Śnieżnicki Park Krajobrazowy
Orlické hory
Góry Bystrzyckie
Góry Sowie
Kotlina Kłodzka
POLSKA
ČESKÁ REPUBLIKA

Tour 1 Grenzgänger

Der Basisort der beiden Touren durch Polen heißt Duszniki Zdrój (auf Deutsch: Bad Reinerz) und schmiegt sich äußerst idyllisch an den Fluss Reinerzer Weistritz in Niederschlesien. Mit dem benachbarten Kudowa-Zdrój zählt er zu den ältesten Heilbädern des Glatzer Landes (auf Polnisch: Powiat Kłodzki). Er liegt am Fuße des Heuscheuergebirges nahe der tschechischen Grenze, hat einen schönen Kurpark und gehörte zum Böhmischen Winkel.

Überreste des tschechoslowakischen Walls (oben) und das Papiermuseum (unten).

Theatralische Wirkung

Im Zentrum sind interessante Bürgerhäuser aus der Renaissance- und Barockzeit zu finden. Sehenswert ist außerdem die Pfarrkirche St. Peter und Paul mit ihrer kostbaren Ausstattung. So verströmt die Walfischkanzel eine geradezu theatralische Wirkung. Spannend ist zudem die Besichtigung des Museum Papiernictwa, in dem man einiges rund um die Papierherstellung erfährt. So wurde hier bis 1937 milbenfreies Büttenpapier her-

Schaurig ist die Walfischkanzel der Pfarrkirche St. Peter und Paul.

gestellt, das auch für die Urkunden des Heiligen Römischen Reiches verwendet wurde.

Die erste Tour führt in einem nordwestlichen Schwenk bereits über die Landesgrenze und mitten hinein nach Nové Město nad Metují (deutsch: Neustadt an der Mettau). Die Stadt zählt zu den schönsten Renaissancestädten Tschechiens und liegt im Vorland des Adlergebirges – einem lang gestreckten Höhenzug auf über 1000 Höhenmetern – auf einem Felsvorsprung, der von drei Seiten von der Metuje/Mettau umflossen wird. Eindrucksvoll sind der Marktplatz mit den Renaissancehäusern und Laubengängen sowie dem Schloss an der Nordwestseite. Das historische Stadtzentrum wurde bereits 1970 unter

Viel Kurvenspaß im Adlergebirge.

Sattes Grün hat sich über den ehemaligen Grenzwall gelegt.

Denkmalschutz gestellt. Ein lohnenswerter Abstecher führt nach Peklo u Nového Města nad Metují und somit ins „Teufelstal".

Auf den folgenden Kilometern bleibt man dem Adlergebirge zunächst noch treu, trotzdem geht es zurück in Richtung Polen. In einem Gebirgstal trifft man auf Olešnice v Orlických horách (deutsch Gießhübel). Hier wurde zwischen 1936 und 1938 – also noch zu Zeiten der Tschechoslowakei – ein Teil der militärischen Befestigungsanlagen zum Schutz der Grenzen erbaut. Das Projekt mit dem Namen „Tschechoslowakischer Wall" galt seinerzeit als eines der besten Festungsbausysteme des 20. Jahrhunderts, wurde hier jedoch nicht fertiggestellt.

TOUREN-STECKBRIEF

STRECKENLÄNGE
ca. 260 km

DAUER
Tagestour

HIGHLIGHTS
Kurheilbad Duszniki Zdrój, Renaissancestadt Nové Město nad Metují, Adlergebirge, Marienwallfahrtsort Neratov v Orlických horách, Glatzer Kessel.

CHARAKTER
Die Tour verläuft auf einer Vielzahl von kleinen und kurvenreichen Straßen durch das geschichtsträchtige Grenzgebiet zwischen Schlesien und Böhmen. Höhenmeter sind zwar nicht zu schaffen, aber dafür gibt es schöne Strecken durch das Mittelgebirge.

Auf zu Maria

Weiter südlich und unmittelbar an der polnischen Grenze ist mit Neratov v Orlických horách (deutsch: Bärnwald) im Tal der Divoká Orlice bald darauf ein bekannter Marienwallfahrtsort erreicht. Der Grundstein der Mariä Himmelfahrtskirche wurde im Jahre 1723 gelegt. Das Besondere an dem Bau ist dessen Nord-Süd-Ausrichtung, die in Europa einmalig ist. Daher pilgerten bereits kurz nach Fertigstellung Scharen von Gläubigen dorthin. Nur zwei Tage nach dem Inkrafttreten der bedingungslosen Kapitulation aller deutschen Truppen, der den Zweiten Weltkrieg beendete, wurde die Kirche allerdings von einer Panzerfaust der Roten Armee beschossen und brannte vollkommen aus.

Der Wiederaufbau erfolgte erst in den 1990er Jahren. Seither finden Mitte August, rund um den Mariä Himmelfahrtstag, besondere Veranstaltungen statt. Sehenswert ist das luftig wirkende Kirchendach aus Glas, das den Blick auf den Himmel aus dem Inneren des Kirchenschiffs ermöglicht.

Dreieckiger Talkessel

Zurück in Polen cruist man auf schönen und kurvenreichen meist kleinen Straßen durch idyllische Landschaften gen Norden. Bevor der Ausgangsort Duszniki Zdrój wieder angesteuert wird, ist Kłodzko (deutsch: Glatz) noch unbedingt einen Besuch wert. Die Stadt befindet sich in einem weiten und kurioserweise dreieckig geformten Talkessel, dessen nach Süden sich erstreckende Spitze zum Glatzer Kessel gehört. Damit gemeint ist die ehemalige Grafschaft Glatz, die lange zu Deutschland gehörte. Schon früh zeichnete es sich als beliebtes Erholungsgebiet mit zahlreichen Kurorten aus. Inzwischen knüpft man hier an diese Traditionen wieder an. Das Zentrum von Kłodzko befindet sich auf dem 369 Meter hohen Schlossberg, von dem aus man einen tollen Ausblick auf das Umland hat. ◂

Idyllisch schmiegt sich Duszniki Zdrój an den Fluss Reinerzer Weistritz.

Typische Volksfestatmosphäre im Glatzer Land.

Tour 2 100 Kurven

Vom Ausgangsort Duszniki-Zdrój geht es auf dieser Tour geradewegs in Richtung Norden. Schon nach wenigen Kilometern ist zwischen Kudowa-Zdrój und Tłumaczów ein Motorradparadies erreicht. Es nennt sich „Landstraße der 100 Kurven" und befindet sich inmitten des Narodowy Góry Stołowe (Heuscheuergebirge). Dieser ist der größere der beiden in Niederschlesien befindlichen Nationalparks.

Offiziell ausgewiesen wurde er schon 1993. Über Millionen Jahre erschufen Wind und Wetter im Heuscheuergebirge bizarr anmutende Felslandschaften mit steinernen Gängen und Labyrinthen. Einzigartig für Polen sind die Tafelberge, die dem Gebirge ihren polnischen Namen verleihen. Die höchste Erhebung im Nationalpark ist mit 919 Metern der Szeliniec Wielki (Große Heuscheuer).

Kudowa-Zdrój (Bad Kudowa) ist nicht nur ein beliebter Kurort, sondern auch Sitz der Nationalparkverwaltung, die hier ein ungewöhnliches Museum betreibt.

Kuriose Attraktionen

Über 3000 Exponate aus der ganzen Welt entführen die Gäste im Froschmuseum auf unterhaltsame Art in die Welt der Amphibien. Eine weitere, doch recht makabre Touristenattraktion findet man im Stadtteil Czermna (Grenzeck). Die Wände und Gewölbe der 1776 erbauten Friedhofskapelle sind mit rund 3000 Schädeln und Knochen verkleidet. Sie gehörten einst den Gefallenen des 30-Jährigen und des 7-Jährigen Krieges sowie den Opfern einer Choleraepidemie. Unter der Kirche ruhen in der Krypta die sterblichen Überreste weiterer 20000 Opfer von Kriegen und Epidemien.

Tolle Landschaften und guter Belag sind hier keine Seltenheit.

Auch um den Kopf wieder freizubekommen, schwingt man sich nach der Besichtigung zurück in den Motorradsattel und macht sich auf, die besagten 100 Kurven zu meistern. Ausgewiesen ist die Straße als 387 und führt zunächst nach Karłów. Fahrerischer Höhepunkt ist der Abstecher nach Błędne Skały. Eine etwa dreieinhalb Kilometer lange Straße führt durch den Wald zu einem Parkplatz, von dem aus man – dann zu Fuß – die Felsenstadt besichtigen kann. Da die Straße äußerst schmal ist, wird der Verkehr stündlich in die eine oder andere Richtung geleitet. Da es sich um eine Sackgasse handelt, muss man den gleichen Weg wieder zurück, was in diesem Fall aber mehr als eine Freude ist.

Zwei Naturdenkmäler

Die Tour führt einen dann in nordwestlicher Richtung weiter, macht dabei einen Schwenk ins Braunauer Ländchen, einem Teil vom Sudetenland. Man befindet sich also abermals im tschechisch-polnischen Grenzgebiet. Einen Halt lohnt das Benediktinerstift in der Stadt Broumov (deutsch: Braunau). Äußerst sehenswert sind zudem die Adersbacher und Weckelsdorfer Felsen, zwei Naturdenkmäler, die sich westlich der Stadt in die Höhe recken. Zwischen dem Falkengebirge und dem Waldenburger Bergland führt die Straße weiter nach Meziměstí (deutsch: Halbstadt) mit seinem sehenswerten barocken Schloss, das als Sommersitz der Braunauer Äbte genutzt wurde.

Zurück in Polen entdeckt man in Wałbrzych (deutsch: Waldenburg) das ehemalige Zentrum des niederschlesischen Steinkohlereviers. Wenige Kilometer weiter nördlich lockt Zamek Książ – das Schloss Fürstenstein. Es gilt als größtes Schloss von ganz Schlesien. Naturgemäß haben sich im Laufe der Jahrhunderte viele Legenden entwickelt. So wird in seinem Umfeld immer wieder unterirdisch nach Gold gesucht, das die Nationalsozialisten angeblich geraubt und hier vergraben haben sollen. >

Schloss Fürstenstein in Kiasz und die evangelische Friedenskirche in Schweidnitz (von oben).

Die Wallfahrtskirche von Wambierzyce stammt aus dem frühen 18. Jahrhundert.

Mit Swidnica (deutsch: Schweidnitz) ist der nördlichste Punkt dieser Tour erreicht. Die dortige Friedenskirche gehört zum UNESCO-Kulturerbe. Der eindrucksvolle barocke Fachwerkbau, in dem 7 500 Menschen Platz finden, ist das größte der drei Gotteshäuser, die den schlesischen Protestanten nach dem 30-Jährigen Krieg unter harten Auflagen zugestanden wurden. Außerhalb der Stadtmauern errichtet, waren als Baumaterialien nur Holz, Lehm, Sand und Stroh erlaubt.

Weiter gen Südosten erreicht man Krzyzowa (deutsch: Kreisau). Hier befindet sich das Gut der Familie von Moltke, in dem sich die Mitglieder der Widerstandsgruppe des „Kreisauer Kreises" trafen. Die meisten der Verschwörer wurden nach dem missglückten Attentat auf Hitler vom 20. Juli 1944 hingerichtet. Heute befindet sich im Gut eine deutsch-polnische Jugendbegegnungsstätte mit Übernachtungsmöglichkeit.

TOUREN-STECKBRIEF

STRECKENLÄNGE
ca. 225 km

DAUER
Halbtagestour

HIGHLIGHTS
Die Landstraße der 100 Kurven, Kurort Kudowa-Zdrój, Felsenstadt, Braunauer Ländchen, Schloss Fürstenstein, UNESCO-Friedenskirche in Swidnica, Marienwallfahrtsort Wambierzyce.

CHARAKTER
Der erste Teil der Tour ist von den fahrerischen Erlebnissen geprägt. Danach steht vor allem Kulturgenuss auf dem Programm.

Komplexes Stollensystem

Auch in Walim sind Spuren des Zweiten Weltkriegs erhalten geblieben. Ein komplexes Stollensystem wurde als „Bauvorhaben Riese" mit Führerhauptquartier und Industrieanlagen geplant. Die Überreste können heute besichtigt werden.

Im Heuscheuergebirge angekommen trifft man – bevor man zurück zum Ausgangsort fährt – abermals auf einen Marienwallfahrtsort. Dieser heißt Wambierzyce (deutsch: Albendorf) und befindet sich direkt zu Füßen des Gebirges. Auf dem Hügel südlich der Wallfahrtskirche befinden sich Kapellen, in denen Szenen aus dem Alten Testament gezeigt werden. Deshalb wird die Anhöhe auch „Berg Sinai" und Albendorf bis heute das „Schlesische Jerusalem" genannt. ◂

HOTEL INFOS

UNSER BASISLAGER

Direkt neben dem Kurpark und damit im Herzen der Stadt Duszniki Zdrój gelegen bezaubert das Hotel Fryderyk. Es befindet sich in einem historischen Gebäude aus dem Jahre 1862, das inzwischen natürlich liebevoll restauriert wurde. Dadurch erlebt man die besondere Atmosphäre mit einer Mischung aus Elementen des 19. Jahrhunderts und moderndem Design.

SPEZIELL FÜR MOTORRADFAHRER

Die Zimmer sind alle individuell eingerichtet. Außerdem bietet das Hotel eine schönen Wellnessbereich mit Jacuzzi, finnischer Sauna, Dampfbad, Wärmeliegen und Lichttherapie. Im hauseigenen Restaurant werden vornehmlich polnische, aber auch internationale Gerichte seviert, die nur mit frischen Zutaten zubereitet wurden. Videoüberwachte Parkplätze stehen kostenlos zur Verfügung. Die Übernachtung mit Frühstück ist ab 240 Zloty (ca. 56 Euro) buchbar.

HOTEL

Hotel Fryderyk
ul. Wojska Polskiego 10
PL-57-340 Duszniki-Zdrój
T +48 74 866 04 88
www.fryderyk.com.p
GPS 50.39003, 16.3828

Prag

Im **Cruiserland**

Die Tschechische Republik ist kein sehr großes Land und bietet weder hohe Gebirge noch Meeereskusten. Trotzdem wird sie bei Motorradreisenden immer beliebter. Das liegt vor allem an den kurvigen Straßen, die zum Cruisen einladen. Besonders in Böhmen, also im deutschen Grenzgebiet, sind allerhand von ihnen zu entdecken. Hinzu kommen kulturelle Sehenswürdigkeiten, soweit das Auge reicht.

Kleine Straßen ziehen sich durch den Böhmerwald.

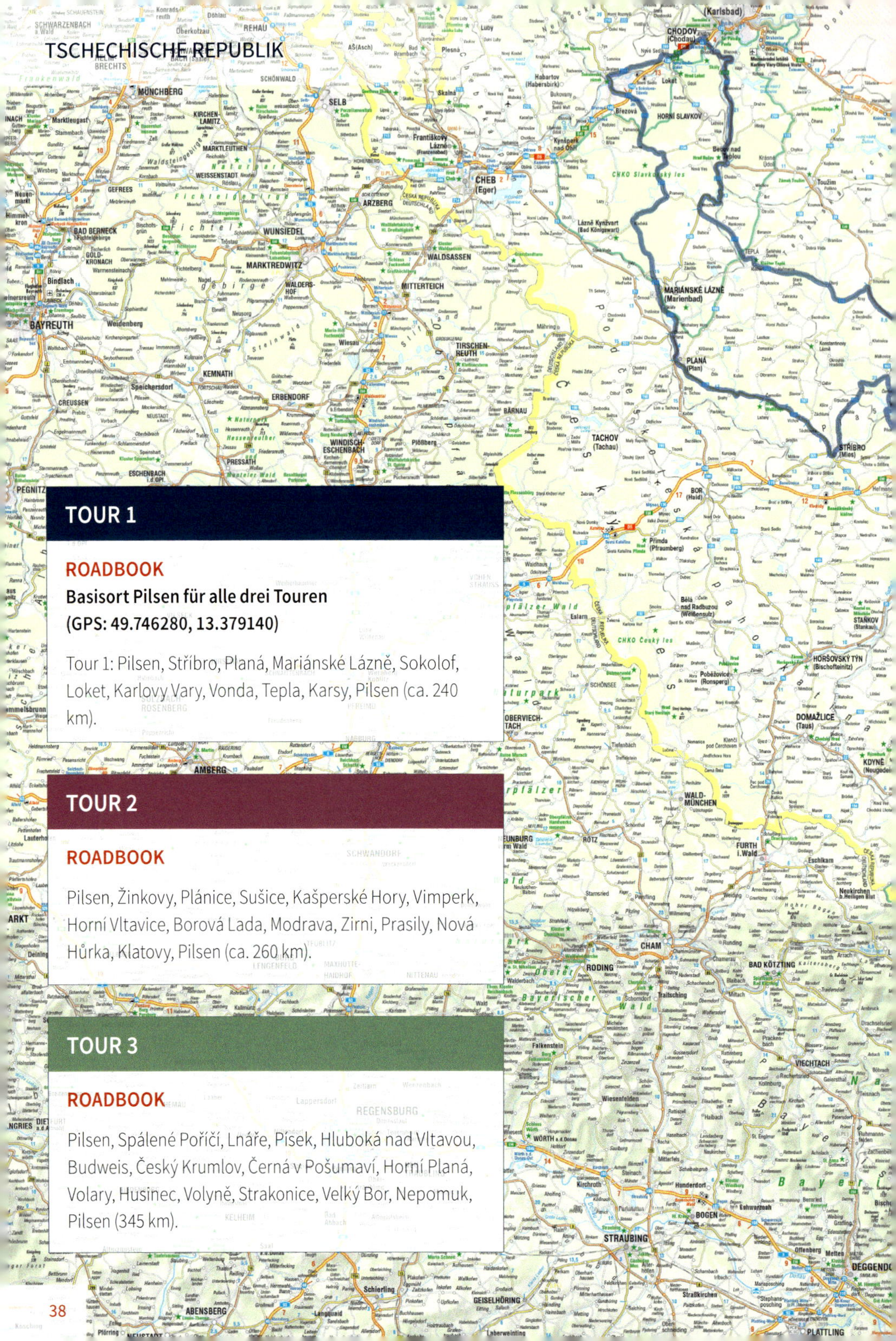

TOUR 1

ROADBOOK

Basisort Pilsen für alle drei Touren
(GPS: 49.746280, 13.379140)

Tour 1: Pilsen, Stříbro, Planá, Mariánské Lázně, Sokolof, Loket, Karlovy Vary, Vonda, Tepla, Karsy, Pilsen (ca. 240 km).

TOUR 2

ROADBOOK

Pilsen, Žinkovy, Plánice, Sušice, Kašperské Hory, Vimperk, Horní Vltavice, Borová Lada, Modrava, Zirni, Prasily, Nová Hůrka, Klatovy, Pilsen (ca. 260 km).

TOUR 3

ROADBOOK

Pilsen, Spálené Poříčí, Lnáře, Písek, Hluboká nad Vltavou, Budweis, Český Krumlov, Černá v Pošumaví, Horní Planá, Volary, Husinec, Volyně, Strakonice, Velký Bor, Nepomuk, Pilsen (345 km).

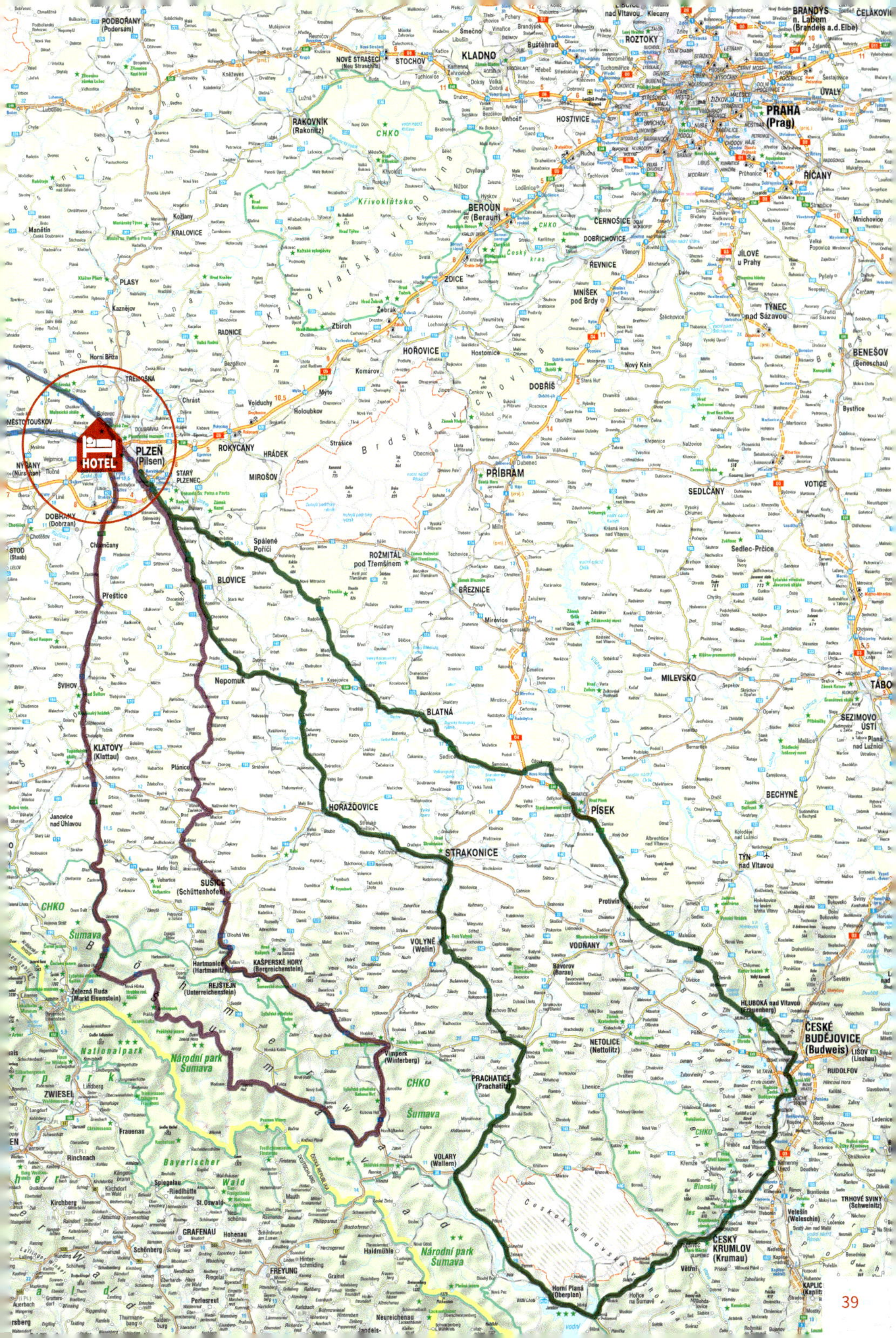
HOTEL
PLZEŇ
(Pilsen)
PRAHA
(Prag)
KLADNO
RAKOVNÍK
(Rakonitz)
BEROUN
(Beraun)
ROKYCANY
PŘÍBRAM
DOBŘÍŠ
HOŘOVICE
BLOVICE
Nepomuk
BLATNÁ
HORAŽĎOVICE
STRAKONICE
PÍSEK
KLATOVY
(Klattau)
SUŠICE
(Schüttenhofen)
VOLYNĚ
(Wolin)
VODŇANY
PRACHATICE
(Prachatitz)
VOLARY
(Wallern)
ČESKÉ
BUDĚJOVICE
(Budweis)
ČESKÝ
KRUMLOV
(Krumau)
HLUBOKÁ nad Vltavou
(Frauenberg)
NETOLICE
(Nettolitz)
Horní Planá
(Oberplan)
Vimperk
(Winterberg)
Železná Ruda
(Markt Eisenstein)
ZWIESEL
FREYUNG
GRAFENAU
Nationalpark
Národní park
Šumava
CHKO
Šumava
Bayerischer
Wald
MILEVSKO
SEDLČANY
BENEŠOV
(Beneschau)
TÁBOR
DOBŘANY
(Dobřan)
NÝŘANY
STŘÍBRO
MĚSTO TOUŠKOV
ROZTOKY
ŘÍČANY
ČERNOŠICE
DOBŘICHOVICE
JÍLOVÉ
u Prahy
TÝNEC
nad Sázavou
HOSTIVICE
Brdská vrchovina
Křivoklátsko
Kašperské Hory
(Bergreichenstein)
Hartmanice
(Hartmanitz)
Rejštejn
(Unterreichenstein)
Janovice nad Úhlavou
Švihov
Přeštice
Chlumčany
Nalžovské Hory
Horní Bříza
Třemošná
Starý Plzenec
Spálené Poříčí
Rožmitál pod Třemšínem
Březnice
Mirovice
Protivín
Bechyně
Týn nad Vltavou
Sezimovo Ústí
Voticе

Tour 1 Mondäne Kurorte

Pilsen, das die Tschechen Plzeň nennen, befindet sich im Westen von Böhmen und ist mit gut 170 000 Einwohnern die viertgrößte Stadt des Landes. Nicht nur deshalb ist sie als Basisort für die drei Touren in diesem Reiseführer prädestiniert. Nicht ohne Grund war Pilsen im Jahre 2015 Kulturhauptstadt Europas.

Man sollte sich daher auch ein wenig Zeit für die Erkundungen der vielen Sehenswürdigkeiten nehmen. Gleiches gilt für einen Besuch des örtlichen Brauereimuseums, schließlich wird hier schon seit dem Mittelalter das wohl berühmteste Bier der Welt gebraut. Es ist untergärig und mit starkem Hopfenaroma. Allerdings sollte man vorab einen Termin reservieren, denn mit mehr als einer halben Million Besuchern pro Jahr ist die Brauerei eines der wichtigsten touristischen Aushängeschilder unseres östlichen Nachbarlandes.

Pilsen war völlig zurecht schon Kulturhauptstadt Europas.

In die Vergangenheit

In westlicher Richtung führt die Tour alsdann entlang von dichten Wäldern und über Felder nach Stříbro, dessen tschechischer Name ins Deutsche übersetzt Silber bedeutet und auf den Silberbergbau in der Vergangenheit verweist. Ein Spaziergang durch das Zentrum mit dem hübschen Marktplatz und auch eine Führung durch das östlich des Stadtzentrums gelegene Bergbau-Freilichtmuseum lohnen sich.

Über Planá geht es weiter in den nach wie vor äußerst mondänen Kurort Mariánské Láznĕt, der unter dem Namen Marienbad in unseren Breiten sehr viel bekannter ist. Die heilende Wirkung der umliegenden Quellen im Nordwesten Tschechiens wurde bereits im Mittelalter entdeckt. Erstmals wissenschaftlich erforscht wurde es auf Befehl von König Ferdinand I im Jahre 1528. Allerdings hat es dann doch noch ein paar Jahrhunderte bis zum ersten großen Boom gedauert.

Große Promi-Dichte

Das erste Kurhaus wurde erst 1807 eröffnet. Offiziell zum Kurort ernannt wurde es elf Jahre später. Da viele der damaligen Prominenten – unter anderem auch Johann Wolfgang von Goethe oder auch Fryderyk Chopin – hier ihre Zipperlein kurierten, wurde Marienbad äußerst populär. Sein goldenes Zeitalter hatte es zwischen 1870 und 1914. Zahlreiche Jugendstilbauten mit jeder Menge Zierrat an den Fassaden und auf den Giebeln aus dieser Zeit können heute noch bewundert werden.

Man sollte sich ein wenig Zeit nehmen, um durch die Kolonnaden zu flanieren. Für eine Wellnessprozedur im „Maria Kohlendioxid-Becken“ kann man sogar die Motorradhosen anlas-

Marienbad hat es wahrlich in sich: Mondäne Hausfassaden (unten) und imposante Spas (oben) gibt es hier entdecken.

Goethe bezeichnete die Loket und seine Burg als „landschaftliches Kunstwerk."

sen, denn das Kohlendioxid soll auch so wirken und den Blutkreislauf anregen.

Über Sokolof geht es weiter nach Loket, wo die gleichnamige Burg auch Motorradfahrer lockt. Dafür muss man aber in rund 800 Metern Höhe einen dicht bewaldeten Hügelrücken queren, denn das Städtchen liegt auf einem Granitfelsen und wird vom Fluss Ohř innigst umschlungen. Goethe bezeichnete diesen Ort einmal als „landschaftliches Kunstwerk." Schon zu seiner Zeit sahen die Gassen und Plätze so pittoresk aus, wie sie es heute noch sind. Ganz oben thront die Burg, mit ihren rund 800 Jahren ein historisches Meisterwerk mit moderner Geschichte, denn einige Szenen des James Bond-Thrillers Casino Royale wurden hier gedreht.

TOUREN-STECKBRIEF

STRECKENLÄNGE
ca. 240 km

DAUER
Tagestour

HIGHLIGHTS
Neben den Kurorten Marienbad und Karlsbad lohnt sich der Besuch von Loket mit seiner Burg und das Bergbau-Freilichtmuseum in Stříbro

CHARAKTER
Die Tour führt auf kleinen kurvenreichen Nebenstraßen, die aber allesamt gut zu befahren sind. Allerdings ist der Asphalt nicht überall im besten Zustand.

Weltbekannte Kurstadt

Bald darauf steht auch schon der nächste, nicht ganz unbedeutende, Kurort auf dem Programm: Karlovy Vary, das wir Deutschen uns besser unter dem Namen Karlsbad merken können. Der moderne Teil der 50 000-Einwohner-Stadt beeindruckt weniger. Umso mehr zieht einen der historische Teil der weltbekannten

Kurstadt in den Bann. Auf die prachtvollen Häuser rechts und links des Flusses Teplá haben schon die Reichen und Schönen der Welt geblickt.

Zaren und Kaiser, Maharadschas und Prinzen, Diktatoren und Staatspräsidenten tranken aus „Schnabeltassen" einst das heilende Wasser aus den insgesamt zwölf Mineralquellen, die aus dem Untergrund sprudeln. Die Entdeckung der heißen Quelle wird Karl IV und somit der Zeit des 14. Jahrhunderts zugesprochen. Der Monarch soll seinen Hunden gefolgt sein, als diese Jagd auf einen Hirsch gemacht hatten und dabei laut jaulend im heißen Wasser landeten. Diese Legende ist zwar schön, aber nicht wahr, denn die Menschen wussten Jahrhunderte vorher schon, welch Schatz hier unter der Erdoberfläche lagert.

In Karlsbad sprudelt Heilwasser aus insgesamt zwölf Quellen. Das ist eine von ihnen.

Die 13. Quelle des Ortes sprudelt nicht aus dem Boden hervor, sondern wird mittlerweile in modernen Kesseln zubereitet. Der Becherovka-Likör wurde von einem Engländer erfunden und dann von Jan Becher und seinen Nachkommen verkauft. Bis heute. Na zdraví oder Prost! Aber nicht, wenn man noch mit dem Motorrad fahren muss, denn dieser Kräuterschnaps hat satte 38 Prozent Alkohol, und einige Kilometer sind es schließlich noch bis zurück nach Pilsen. ◂

Auch schön angelegte Parkanlagen hat Karlsbad zu bieten.

Tour 2 Unterwegs im Grenzland

Vom Schloss Žinkovy (oben) geht es an den Rande des Naturparks Plánický hřeben (unten).

Auf dieser zweiten Tschechien-Tour erkundet man das Gebiet südlich von Pilsen, das nur wenige Kilometer von der deutschen Grenze entfernt ist. Zunächst passiert man den Flecken Žinkovy, das durch einen Großbrand im Jahre 1684 fast vollständig zerstört wurde. Nicht davon betroffen war allerdings das Schloss Žinkovy, dessen Ursprünge auf das Jahr 1559 zurückgehen. Einen kleinen Stopp sollte man dort einplanen, da das Barockgebäude sehr hübsch anzusehen ist. Zu Anfang des 19. Jahrhunderts gehörte es übrigens eine Zeit lang zum Besitz von Karl Freiherr von Škoda, dem damaligen Generaldirektor der noch heute namhaften Automobilfirma. Er starb dort im Sommer 1920 im Alter von 68 Jahren. Heute gehört das Schloss einem ausländischen Investor, der die Tore Touristen gegenüber aber offenhält.

Wenig später erreicht man linksseitig über dem Tal der Úslava und am Rande des Naturparks Plánický hřeben (Planitzer Kamm) das Örtchen Plánice. Man befindet sich hier in der Nepomucká vrchovina (Nepomuker Bergland) – und einem kleinen Paradies für Motorradreisende. Neben Asphaltstraßen mit wenig Verkehr, begeistern vor allem die vielen attraktiven Kurven entlang von dichten Wäldern. Besonders schön zu fahren sind diese auf dem Teilstück von Sušice in die Stadt Kašperské Hory. Dort wartet die Burg Kašperk auf einen Besuch.

Wer aufmerksam beobachtet hat Glück und findet eine Eule, die ihn beobachtet.

Geschützte Goldminen

Karl IV hat den gotischen Bau mit seinen massiven Burgtürmen im 14. Jahrhundert bauen lassen. Er diente als Wachburg – zum Schutz der einst hier vorhandenen Goldminen und des neu gebauten Handelsweges, der das böhmische Königreich mit dem Königreich Bayern verband. Die mächtige Befestigungsanlage der Burg belegt, dass der König es mit dem Schutz sehr ernst meinte. Die Seitentürme wurden, mit Ausnahme der Erker, ohne jegliche Öffnung gebaut.

Über Vimperk geht es in einem östlichen Schwenk weiter nach Horny Vltavice. Auf Deutsch heißt das Dorf mit seinen nur knapp 400 Einwohnern Obermoldau und liegt in einem Tal, das fast poetisch Warme Moldau (tschechisch Teplá Vltava) heißt. Man sollte kurz einmal anhalten und in den Himmel schauen, da sich mit dem Boubín (1362 Meter) und nördlich dem Obrovec (1146 Meter) gleich zwei attraktive Böhmerwaldgipfel in luftige Höhen emporschwingen. >

Mitunter wirken die kleinen Dörfer menschenleer.

TOUREN-STECKBRIEF

STRECKENLÄNGE
ca. 260 km

DAUER
Tagestour

HIGHLIGHTS
Schloss Žinkovy, Burg Kašperk, Katakomben von Klattau – und vor allem die grandiosen Landschaften im Nationalpark Böhmerwald.

CHARAKTER
Eine mittelschwere Tour, da vor allem im und um den Nationalpark Böhmerwald viele Kurve auf meist schmalen Straßen zu bewältigen sind. Diesbezügliche Erfahrung sollte daher vorhanden sein.

Die folgenden Kilometer bis Modrava bieten dann auf erstklassigem Straßenbelag wieder Fahrspaß pur. Das Dörfchen befindet sich mitten im Nationalpark Böhmerwald (auf Tschechisch Šumava), das gemeinsam mit dem benachbarten Nationalpark Bayerischer Wald das Größte zusammenhänge mitteleuropäische Waldgebiet bildet. Daher wird es auch als „Grünes Dach Europas" touristisch vermarktet.

Wie im Urwald

Die folgenden Fahrkilometer auf schmalen und zumeist verwinkelten Straßen ohne viel Verkehr sind von eindrücklichen Landschaften geprägt. Während der Fahrt passiert man immer wieder Bergplateaus mit emporragenden Gipfeln, aber auch canyonartige, durch Erosion entstandenen Taleinschnitte und urwaldähnliche Wälder.

Kurz hinter Nová Hůrka findet dieses Spektakel dann aber auch schon wieder sein Ende, denn am nordwestlichen Ende des Böhmerwaldes heißt es, scharf in Richtung Norden abzubiegen. Grämen muss man sich deswegen allerdings nicht, da die folgenden

Frühmorgendliche Atmosphäre im Nationalpark Böhmerwald.

Ein Besuch in den Katakomben von Klettau ist nur Nervenstarken empfohlen.

Kilometer bis nach Klatovy sich als wahres Kurvenfeuerwerk entpuppen.

Klattau, wie die Stadt auf Deutsch bezeichnet wird, bietet sich für eine kleine Erkundung an. Sehenswert sind das historische Zentrum mit dem Schwarzen Turm, die barocke Apotheke oder auch die Katakomben mit ihren Mumien. Derart morbiden Sehenswürdigkeiten finden sich in den Krypten unter der Jesuitenkirche.

Gruselige Katakomben

In den Jahren 1676 bis 1783 fanden hier mehr als 200 Verstorbene ihre ewige Ruhe. Kaiser Joseph II verbot 1784 allerdings weitere Beisetzungen. Dank der Luft, die durch ein gescheites System von Lüftungskanälen in die Krypten strömte, kam es zum allmählichen Austrocknen der Körper: zur Mumifizierung. 1937 verschütteten Bauarbeiter die Lüftungsschächte, dadurch veränderte sich das Klima, und 140 Mumien wurden daraufhin auf einem Friedhof umgebettet. Die übrigen können aber bis heute bei Führungen noch bestaunt werden.

Der Fahrtwind bringt einen auf den letzten Kilometern zurück nach Pilsen dann aber auch wieder auf erfreulichere Gedanken. Versprochen! ◂

Viele Straßen ziehen sich entlang dichter, grüner Wälder.

Tour 3 Runde für Romantiker

Vom Basisort Pilsen aus geht es abermals zunächst in südliche Richtung. Auf den ersten Kilometern dieser Runde kommt man auf kleinen Straßen mit meist gutem Untergrund an den hübschen Orten Spálené Poříčí, Lnáře, Písek vorbei, um dann in Hluboká nad Vltavou einen ersten Halt einzulegen. Der Grund ist das romantische Schloss, das man sich allerdings etwas erarbeiten muss. Mit dem Motorrad kann man die Anhöhe, auf welchem es im 13. Jahrhundert erbaut wurde, leider nicht erreichen.

Doch der Aufstieg zu Fuß lohnt sich, da nicht nur das Innere des Gebäudes äußerst schmuck ist. Der Ausblick auf die Moldau ist phänomenal. Kein Wunder, dass es sich um eine der meistbesuchten touristischen Sehenswürdigkeiten in Südböhmen handelt.

Bier-Stadt und mehr

Zurück im Sattel geht es nur kurz weiter, denn schon nach 15 Kilometern rollt man in Budweis aus. Vor allem Biertrinkern sollte dieser Name mit ziemlicher Sicherheit geläufig sein.

Die Perle der Donau heißt Český Krumlov und ist UNESCO-Weltkulturerbe.

Hier befindet sich die weltberühmte Brauerei, deren Besichtigung sich auch für Motorradfahrer lohnt. Kosten sollte man vor Ort dann natürlich nur die alkoholfreien Varianten, aber die eine oder andere promillehaltige Flasche

TOUREN-STECKBRIEF

STRECKENLÄNGE
ca. 345 km

DAUER
Tagestour

HIGHLIGHTS
Für Biertrinker natürlich die Brauerei in Budweis. Kulturfans kommen dagegen in der UNESCO-Stadt Český Krumlov und in Horní Planá, dem Geburtsort Adalbert Stifters auf ihre Kosten.

CHARAKTER
Trotz vieler kurvenreicher Landstraßenkilometer handelt es sich insgesamt um eine leichte Tour, die zum Entspannen und Cruisen einlädt.

kann für den Genuss am Abend alternativ in den Koffer wandern.

Spannend ist nicht nur die Brauerei, sondern auch ein Spaziergang durch das Zentrum von Budweis. Der 133 mal 133 Meter große und von herrlichen Laubengängen umgebene Hauptplatz heißt Náměsti Přemysla Otakara II. Dieser ist nach dem König benannt, der dem Ort 1265 Stadtrechte gegeben hat. Ein kleiner Bummel sollte eingeplant werden, gleiches

Budweis bietet eine ganze Reihe wunderbarer historischer Häuser.

Český Krumlov thront majestätisch an den Ufern der Moldau.

gilt für den fußläufig zu erreichenden Zusammenfluss von Moldau und Maltsch.

Im Anschluss steht der Besuch eines UNESCO-Weltkulturerbes auf dem Programm: Český Krumlov (Krumau). Der Ort wird gerne als „Perle an der Moldau" vermarktet, und damit wird wahrlich nicht zu viel versprochen. Ein Spaziergang durch die Gassen und der Besuch des Schlosses ist daher Pflichtprogramm. Wer etwas mehr Zeit hat, kann auch noch eine Paddeltour auf der Moldau einplanen.

Die Wallfahrtskirche von Horní Police beeindruckt.

Moldau-Stausee

Am südlichen Ende dieser Runde passiert man dann Horní Planá am prächtigen Moldau-Stausee gelegen. Hier erblickte im Jahre 1805 der Schriftsteller Adalbert Stifter das Licht der Welt. Danach schwenkt man in nördwestliche Richtung ein und durchquert kleine Gemeinden wie Volary, Volyně, Strakonice, Velký Bor oder auch Nepomuk. Die Straßen, die einen zurück nach Pilsen führen, erweisen sich für Motorradreisende als mehr als ideal, denn sie laden förmlich zum gemütlichen Cruisen ein. ◂

HOTEL INFOS

UNSER BASISLAGER

Direkt neben Pilsens zentralem Platz der Republik (Námìstí Republiky) befindet sich das Basishotel für die Tschechien-Touren. Die Lage ist nicht nur für die vorgestellten Motorradtouren ideal, sondern ermöglicht auch den abendlichen Bummel durch das historische Viertel. Sämtliche kulturellen Sehenswürdigkeiten sind fußläufig erreichbar.

Genau genommen gehört ein Teil des Hotels sogar dazu, denn die Hotelterrasse ist von mittelalterlichen Mauern umgeben und bietet eine herrliche Aussicht.

Wie bei vielen Stadthotels üblich, ist im Hause kein eigenes Restaurant untergebracht, was Reisenden die Möglichkeit bietet, die verschiedenen Lokale in der Umgebung durchzuprobieren. Ein Frühstücksservice wird aber selbstverständlich angeboten und für kleine Snacks oder das Feierabendbier nach der Tour steht die Bar im Lounge-Bereich zur Verfügung. Die 18 Zimmer des Vier-Sterne-Hauses sind stilvoll bis opulent eingerichtet und bieten allerlei Annehmlichkeiten.

SPEZIELL FÜR MOTORRADFAHRER

Der bewachte Parkplatz ist für die innerstädtische, zentrale Lage Gold wert.

HOTEL

Hotel Rous
Zbrojnická 7, CZ-30115 Pilsen
T +420 377 320 260
www.hotelrous.cz
GPS 49.746280, 13.379140

Tschechis
Österrei

In Schräglage **durch Tirol**

Tirol bietet eine asphaltierte Spielwiese für Motorradreisende. Einige besonders spektakuläre Alpenpässe sind hier zu finden. Doch auch der Kulturgenuss kommt in diesem österreichischen Bundesland nicht zu kurz. Sowohl die kleinen Gemeinden, als auch die größeren Städte laden zu Erkundungen ein. Allen voran natürlich die Hauptstadt Innsbruck.

Ihre Majestät: die Großglockner Hochalpenstraße.

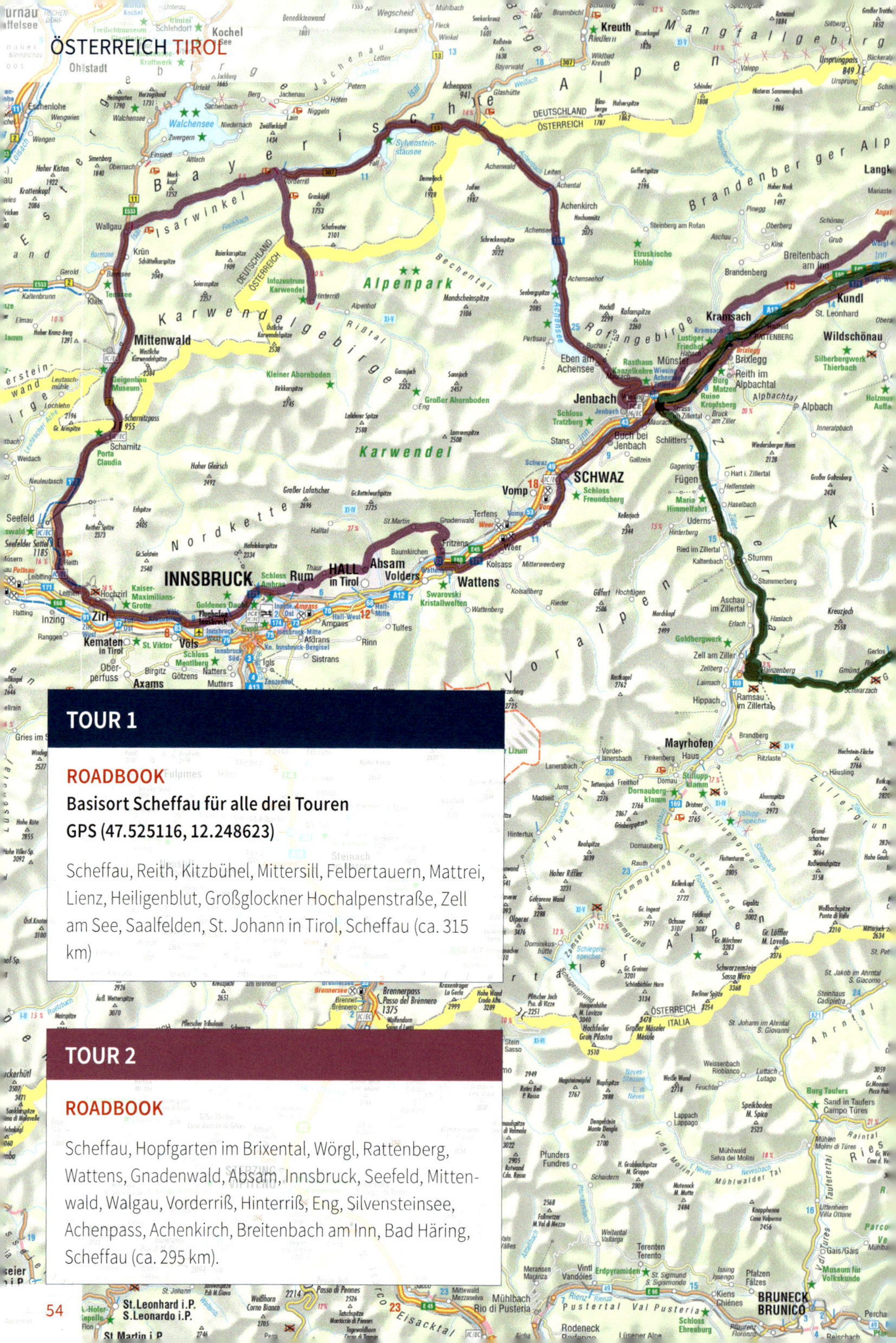

TOUR 1

ROADBOOK

Basisort Scheffau für alle drei Touren
GPS (47.525116, 12.248623)

Scheffau, Reith, Kitzbühel, Mittersill, Felbertauern, Mattrei, Lienz, Heiligenblut, Großglockner Hochalpenstraße, Zell am See, Saalfelden, St. Johann in Tirol, Scheffau (ca. 315 km)

TOUR 2

ROADBOOK

Scheffau, Hopfgarten im Brixental, Wörgl, Rattenberg, Wattens, Gnadenwald, Absam, Innsbruck, Seefeld, Mittenwald, Walgau, Vorderriß, Hinterriß, Eng, Silvensteinsee, Achenpass, Achenkirch, Breitenbach am Inn, Bad Häring, Scheffau (ca. 295 km).

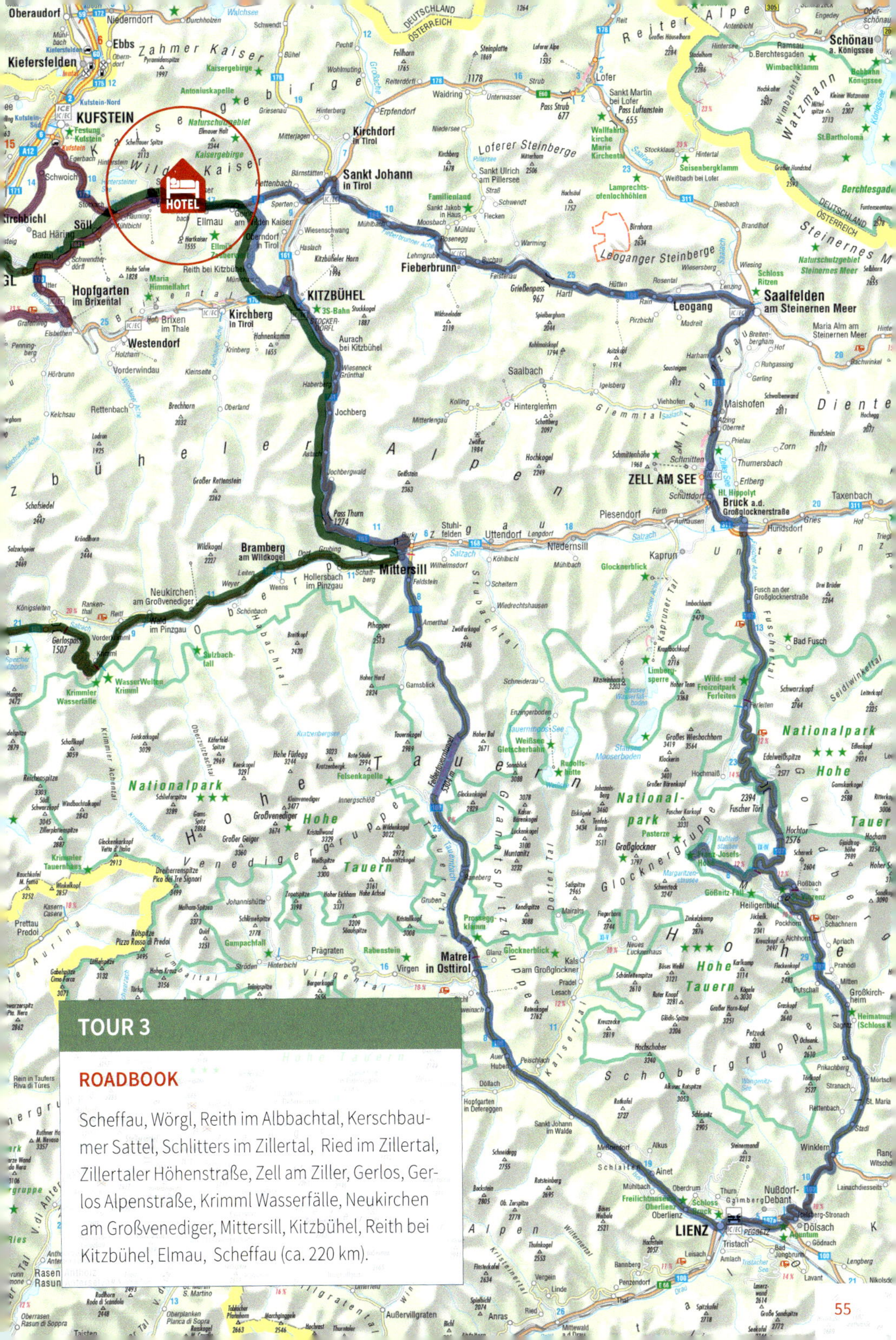

TOUR 3

ROADBOOK

Scheffau, Wörgl, Reith im Albbachtal, Kerschbaumer Sattel, Schlitters im Zillertal, Ried im Zillertal, Zillertaler Höhenstraße, Zell am Ziller, Gerlos, Gerlos Alpenstraße, Krimml Wasserfälle, Neukirchen am Großvenediger, Mittersill, Kitzbühel, Reith bei Kitzbühel, Elmau, Scheffau (ca. 220 km).

Großglockner-Runde

Diese erste Tour durch Tirol steht ganz im Zeichen der berühmten Großglockner Hochalpenstraße. Vom Basisort Scheffau steht zuvor allerdings noch ein anderes Schmankerl auf dem Programm: Man nimmt Kurs auf die Nachbarregion Osttirol und macht sich auf zur Felbertauernstraße. Auf dem Weg dorthin durchstreift man mit Tirol, Salzburg und Osttirol gleich drei österreichische Bundesländer.

Im Jahr 2013 war kurz hinter der Felbertauern-Mautstation am Südportal des Tunnels ein Felsen hinabgestürzt, der die Lawinengalerie regelrecht zermalmte. Dies hatte eine komplette Straßensanierung zur Folge, sodass man nunmehr qualitativ hochwertigen Asphaltstraßen genießt.

Im weiteren Verlauf der Tour lohnt sich ein kurzer Spaziergang durch Lienz, dem kulturellen Mittelpunkt Osttirols, und wenig später ist es dann auch schon soweit: Man erreicht das Nationalparkgebiet Hohe Tauern – und damit ist die Großglocknerstraße Hochalpenstraße schon „fühlbar".

Anfang des 20. Jahrhunderts hatte man mit dem Bau begonnen. Heutzutage gehört sie zu den beliebtesten Ausflugszielen in Österreich. Die Fahrt auf den 48 Kilometern mit insgesamt 36, teils sehr engen Kehren und einem Höhenanstieg bis auf 2 500 Meter erweist sich als spektakulär. >

Nicht nur die Kurven, sondern auch die Gletscher oberhalb der Großglockner Hochalpenstraße sollte man schätzen, denn diese schmelzen im Rekordtempo.

Heiligenblut verströmt typisch tirolerische Idylle.

Zunächst schraubt man sich durch die einzigartige Gebirgswelt entlang blühender Wiesen und mächtiger Bergwälder zur Franz-Josef-Höhe hinauf. Dort kann einem beim Anblick des Panoramas der Mund vor Überraschung durchaus offen stehen bleiben: Man befindet sich hier auf einer Höhe von 2369 Metern und nicht nur direkt vor Österreichs höchstem Berg, dem Großglockner (3798 Meter), sondern auch oberhalb der Pasterze, dem längsten und größten Gletscher der Ostalpen.

Wer zum ersten Mal hier steht, staunt ob des Naturschauspiels. Wiederholungstätern wird dagegen bewusst, wie sehr sich die Landschaft in den vergangenen Jahren verändert hat. So ist von Eis und Schnee im unteren Teil des Gletschers mittlerweile leider nicht mehr viel zu sehen.

TOUREN-STECKBRIEF

STRECKENLÄNGE
ca. 315 km

DAUER
Tagestour

HIGHLIGHTS
Die Tour steht ganz im Zeichen der Großglockner Hochalpenstraße, die fahrerisch so einiges zu bieten hat. Üblicherweise ist sie zwischen Mai bis September befahrbar. Maut muss bezahlt werden, doch jeder Cent lohnt sich angesichts der tollen Panoramen.

CHARAKTER
Die beschriebene Tour ist insgesamt recht lang, dennoch perfekt an einem Tag zu bewältigen. Aber sie ist nichts für Pässeanfänger.

Fatale Entwicklung

Die Gletscherberichte des Österreichischen Alpenvereins (OeAV) bestätigen diesen optischen Eindruck: Alleine in den Jahren 2011/2012 schrumpfte dieser Eisriese um fast 100 Meter. Damit erreichte die Pasterze einen negativen Höhepunkt in der Geschichte der Gletschermessung seit 1879, denn noch nie ist die Eiszunge so stark zurückgegangen. In den Jahren zuvor waren es noch minus 40,3 beziehungsweise minus 24,7 Meter. Dafür verantwortlich seien überdurchschnittlich hohe Temperaturen und Schneemengen, die unter dem Durchschnitt blieben.

Auch, um die Köpfe wieder freizubekommen, bietet sich an der Edelweißspitze eine Kaffeepause, vielleicht auch mit stärkendem Kuchen, an. Dazu geht es über eine 1,4 Kilometer lange und durchweg mit Kopfstein gepflasterte

Stichstraße, die fünf enge Kehren bis zum „Bikers Point" bietet.

Dort befindet man sich am höchsten Punkt (2 571 Meter) der Großglockner Hochalpenstraße, die früher einmal Ponek geheißen hatte. Ursprünglich war dieser Abzweig im Bauplan gar nicht vorhanden, doch (es waren damals ganz offensichtlich andere Zeiten als heute ...) es blieb Geld übrig. Also wurde hier ein weiterer Panorama-Aussichtpunkt errichtet.

Bei gutem Wetter kann man beinahe jeden der 33 Dreitausender und 19 Gletscher zumindest schemenhaft in der Ferne erspähen. Alleine für dieses Panorama lohnt die Mautgebühr der Hochalpenstraße. Die Abfahrt auf der Hochalpenstraße erfolgt Richtung Fusch und Bruck. Wer möchte, kann noch einen Halt am idyllischen Ufer von Zell am See nebst kleinem Bummel einplanen, bevor man über Saalfelden und St. Johann in Tirol zurück nach Scheffau gondelt. ◂

Pause am Ufer von Zell am See.

Die Felbertauernstraße ist fahrerisch ebenfalls ein Genuss.

Tour 2 Kultur in Tirol

Als Gegensatz zur Tour 1, bei der mit Großglockner und Felbertauernstraße vor allem Passvergnügen auf dem Programm steht, geht es auf dieser Runde vornehmlich um Kultur und beschauliche Gebirgslandschaften. Von Scheffau aus geht es zunächst gen Südwesten und über Hopfgarten im Brixental, und Wörgl mitten hinein in die kleinste Stadt Österreichs: Rattenberg heißt die Miniaturgemeinde mit ihren nicht einmal 400 Einwohnern auf elf Hektar Fläche.

Von der Zirlerbergstraße (oben) geht es zur Glaskunst in Rattenberg.

Mächtige Burg

Idyllisch im Inntal gelegen, leitet sich der Name mitnichten von einer Ungezieferinvasion in vergangenen Zeiten, sondern vom Grafengeschlecht Ratpoto ab, welches über Jahrhunderte hier das Sagen hatte. Diese Adeligen waren es, die im Jahr 1000 für den Bau der mächtigen Burg sorgten, die nicht nur vor Feinden sichern, sondern als Zollstätte auch für die Eintreibung von Steuern sorgen sollte. Beim Spaziergang durch die kleinen Gassen sticht vor allem Glaskunst in verschiedensten Variationen ins Auge. Bis heute hat sich eine Reihe von Glasbetrieben hier halten können, die auch regelmäßig in ihren Schauwerken ihre Profession demonstrieren.

Der nächste Halt ist nur einen Katzensprung entfernt. Von der „Glasstadt" geht es zur nur wenige Kilometer entfernten „Silberstadt" des Inns: Schwaz. Das etwas außerhalb des Stadtzentrums gelegene Silberbergwerk kann man besichtigen. Im 16. Jahrhundert arbeiteten hier über 7 000 Menschen, und Schwaz galt in dieser Zeit als größtes und vor allem ertragreichstes Silberbergwerk der Welt.

Diese Ausbeute war ruhmreich für die ganze Region. Schon 1477 verlegte der damalige Landesfürst Sigmund die Münzrechte von Meran ins benachbarte Hall, von wo aus der Haller Taler seinen Siegeszug um die Welt antrat. Zudem finanzierte der spätere Kaiser Maximilian I mit den Erträgen dieses Silberbergwerks seine diversen Eskapaden: nicht nur Kriege, sondern auch Sehenswürdigkeiten an denen man sich heute noch erfreuen kann. So wie das Schloss Tratzburg in Stanz, was man kurz zuvor von der Straße aus hat erblicken können. Aber auch das berühmte Goldene Dacherl von Innsbruck, das im weiteren Verlauf der Tour noch unter Augenschein genommen werden möchte.

Durch das Inntal

Auf dem Weg dorthin lässt man sich gemächlich weiter durch das hübsche Inntal treiben. Die geografischen Be-

Weithin sichtbar ist das Schloss Tratzburg in Stanz.

TOUREN-STECKBRIEF

STRECKENLÄNGE
ca.295 km

DAUER
Tagestour

HIGHLIGHTS
Kulturell Tirols Hauptstadt Innsbruck und Rattenberg, die kleineste Stadt ganz Österreichs. Fahrerisch begeistern der Zirler Berg, der Achenpass und vor allem die beiden Mautstrecken Wallgau und Eng.

CHARAKTER
Die Tour ist wunderbar abwechslungsreich, aber nicht sonderlich schwierig. Einige dieser Strecken sind mautpflichtig, deshalb sollte stets Geld griffbereit im Tankrucksack liegen.

Belebte Maria-Theresien-Straße von Innsbruck mit der Annasäule im HIntergrund.

gebenheiten lassen das Karwendelgebirge hier noch mächtiger erscheinen, als es ohnehin schon ist, denn das Tal ist breit und nur wenig verbaut. An Hall vorbei, hält man sich auf einer Nebenstrecke entlang der Nordkette und durchfährt kleine Dörfer wie Absam, die touristisch als Innsbrucks Feriendörfer vermarktet werden. Über die Straße in dieser sanft-hügeligen Landschaft kommt man beinahe automatisch in der Tiroler Landeshauptstadt an, in der ein Bummel Pflichtprogramm ist, schließlich ist sie äußerst pittoresk und bietet einen sehenswerten historischen Stadtkern.

Das Goldene Dacherl ist Innsbrucks Wahrzeichen.

In den engen Gassen der Altstadt thront das bereits erwähnte Dacherl. Aus echtem Gold besteht das Wahrzeichen Innsbrucks zwar nicht, hübsch anzusehen ist das im Jahr 1500 fertiggestellte architektonische Bauwerk mit seinen 2657 feuervergoldeten Kupferschindeln aber natürlich dennoch. Auch die schon vor 700 Jahren erschaffene Pracht-Meile, Maria-Theresien-Straße, ist sehr sehenswert. Wer sich auf das Podest der Annasäule – dem zentral in der Mitte der Straße gelegenen Denkmal in Gedenken an die Befreiung vom bayerischen Einfall am Tag der Heiligen Anna am 26. Juli 1703 – stellt und nach Norden schaut, kann ein imposantes Panorama auf die Gipfel der Nordkette genießen.

Beachtliche Steigung

Dann will aber auch der Gasgriff endlich wieder zeigen können, was in ihm steckt. Am Flughafen Innsbruck vorbei geht es zum Zirler Berg. Man nimmt Kurs auf den als Zirlerbergstraße bezeichneten Abschnitt der Seefelder Straße B 177, die es bei beachtlicher 16 Prozent Steigung durchaus in sich hat. Die Straße führt über Leithen weiter durch Reith bis hinauf nach Seefeld und überwindet dort stattliche 388 Meter Höhenunterschied. Ein spaßmachender Abschnitt!

Die folgenden Kilometer verlaufen hinter der Grenze und damit in Bayern. Über Mittenwald geht es zu dem kleinen Häuschen, an dem die Maut für die zweispurige Forststraße nach Wallgau zu entrichten ist. Auf der Strecke umkreist man das Karwendelgebirge durch das Isartal bis nach Vorderriß. Dort angekommen, sollte unbedingt ein Abstecher genommen werden. Man wechselt auf das rechte Isarufer, um durch das Rißtal nach Österreich zu gelangen. Bis Hinterriß ist die Fahrt kostenfrei.

Einsame Strecken führen durch das Karwendelgebirge.

Wer mit dem Motorrad weiter zum Ahornboden fahren möchte, benutzt auf den letzten zwölf Kilometern in die Eng eine Mautstraße. Mit der Zahlung der Maut darf man dafür auch kostenlos auf allen Parkplätzen entlang der Straße parken, um sich in Ruhe die hübsche Enklave anzusehen, die tatsächlich nur über diese Straße zu erreichen ist. Naturgemäß gehts es auf gleichem Weg dann auch wieder zurück nach Vorderriß.

Die letzten Kilometer in Deutschland führen am Sylvensteinsee vorbei. Österreich erreicht man anschließend über den kleinen, aber feinen Achenpass, der gut ausgebaut ist. Kurz darauf hat man dann auch wieder Scheffau erreicht. ◂

Tour 3 Tiroler Wasserspiele

Optisch reizvoll sind die Krimml Wasserfälle (oben) und Reith im Alpbachtal (unten).

Die ersten Fahrkilometer dieser Tour sind der Erkundung des Alpbachtals gewidmet, das sich südlich des Wilden Kaisers erstreckt. Schon bald lockt mit dem Kerschbaumer Sattel der erste fahrerische Leckerbissen. Die gut zwölf Kilometer lange Strecke zieht sich in schönen Kurven bis auf eine Höhe von 1111 Metern hinauf und bietet unterwegs wunderbare Ausblicke in die umliegenden Gipfel. Obwohl die Straße stellenweise ein wenig eng ist, macht sie mächtig Spaß. Vor allem, weil sie bei vielen Motorradreisenden – eigentlich unbegreiflicherweise – immer noch als „Geheimtipp" gilt und dementsprechend nur wenig frequentiert wird.

Der Sattel führt von Reith im Alpbachtal geradewegs ins Zillertal hinein, das den meisten wohl nicht nur wegen der gleichnamigen Spatzen ein Begriff sein dürfte. Von Ried aus nimmt man anschließend Anlauf auf die Zillertaler Höhenstraße. Diese ist zwar mautpflichtig, doch wie bei den meisten der gebührenpflichtigen Strecken Österreichs ist auch dies eine lohende Investition.

Einspurig ausgebaut

Von den 550 Metern am Talgrund geht es nun bis auf über 2000 Meter hinauf. Immerhin 48 Kilometer zieht sich die Route hin. Sie führt gerade mal etwas mehr als einspurig ausgebaut über saftiges Weideland der Hochalmen, immer wieder den Blick auf das tief unten liegende Tal und die Gipfel der Zillertaler Alpen freigebend. Nach dem Höhepunkt auf 2020 Meter am Melchboden geht es hinab nach Hippach und Ramsau.

TOUREN-STECKBRIEF

STRECKENLÄNGE
ca. 220 km

DAUER
Tagestour

HIGHLIGHTS
Die Panoramastraßen Kerschbaumer Sattel, Zillertaler Höhenstraße und Gerlos Alpenstraße, an dessen Ostrampe sich die Krimml Wasserfälle befinden.

CHARAKTER
Die Straßen sind zwar kurvenreich, gehören aber nicht zu den schwierigsten Passübergängen Tirols und sollten daher gut zu meistern sein.

Ein kurzer Zwischenspurt bringt einen dann nach Zell am Ziller und weiter nach Gerlos. Von dort aus wird man Tirol allerdings kurzzeitig untreu, befährt dafür aber die wahrscheinlich

Pause mit Traumpanorama auf der Gerlos Alpenstraße.

Kurvengenuss auf 48 Kilometern bietet die Zillertaler Höhenstraße.

schönste Verbindung zwischen den beiden österreichischen Bundesländern Tirol und Salzburger Land: Es geht auf den Gerlospass.

Eine Maut, die sich lohnt

Besonders die Ostrampe der ebenfalls mautpflichtigen Strecke, die hinab nach Wald im Pinzgau führt, hat es in sich und bietet zudem mit den Krimmer Wasserfällen ein besonders sehenswertes Naturschauspiel. Sie gehören zum Gebiet des Nationalparks Hohe Tauern und gelten mit einer Gesamtfallhöhe von 380 Metern über drei Kaskaden als die größten Wasserfälle Europas.

Der Anblick ist nicht nur spektakulär, sondern auch gesund, denn es wurde wissenschaftlich bewiesen, dass Aufenthalte an den Krimmler Wasserfällen bei zahlreichen Lungenleiden Besserung bewirken.

Nur einige Kurven später hat man dann Neukirchen am Großvenediger erreicht. Fans der Motorradmarke Triumph, sollte der Ort unter dem Pseudonym Newchurch geläufig sein. Lange Zeit fand hier alljährlich im Sommer das große Tridays-Treffen statt. Seit dem Jahr 2017 ist es allerdings markenoffen, dadurch aber nicht weniger beliebt.

Kitzbühel ist vor allem als mondäner Skiort berühmt. Im Sommer entpuppt es sich allerdings als beinahe ausgestorbenes Dorf, sodass ein längerer Aufenthalt nicht unbedingt eingeplant werden muss, bevor man über Elmau zurück nach Scheffau fährt. ◂

HOTEL INFOS

UNSER BASISLAGER

In der Bikerranch, nur 400 Meter vom Dorfzentrum von Scheffau entfernt, treffen sich kurvenverwöhnte, feierwillige oder einfach Entspannung suchende Leute für eine Stunde, einen Tag oder länger. Auf der Ranch und in ihrer Umgebung findet man alles, was das Bikerherz begehrt: gutes bodenständiges Essen, ausgelassene Partystimmung und reichlich Kurven.

Durch die Lage am Wilden Kaiser und damit nur rund 20 Kilometer hinter der deutschen Grenze, hat sich das Haus im Laufe der vergangenen Jahre zu einem mehr als beliebten Treffpunkt für Motorrad-Reisende aus Nah und Fern entwickelt. „Unser Konzept hat sich herumgesprochen", erklärt Mike Weber, seines Zeichens Chef der Bikerranch, passionierter Biker, Koch und Gewürzmagier.

„Unsere Bikerranch ist kein Familienhotel, bei uns hat in erster Linie der volljährige Gast seinen Spaß." 1999 haben Mike und seine Ehefrau Petra das Anwesen übernommen. „Damals war es noch ein Bauernhof", so Mike. Nach und nach wurde alles aus- und umgebaut. Der ehemalige Stall wurde zum Lokal und die Scheune zu Apartments.

SPEZIELL FÜR MOTORRADFAHRER

Inzwischen können über 50 Gäste beherbergt werden: „Unsere Zimmer, Studios und Wohnungen haben wir bewusst im ländlichen Stil mit Vollholzmöbeln eingerichtet. Alle unsere Unterkünfte sind mit Dusche / WC / Sat-TV / WLAN und Minibar ausgestattet und haben größtenteils auch Balkon", erklärt Mike. Es gibt Unterstellplätze für die Fahrzeuge, einen Trockenraum für die Kleidung, Werkzeug für kleinere Reparaturen und auf Wunsch auch gemeinsame Ausfahrten.

HOTEL

Bikerranch
Dorf 33, A-6351 Scheffau
T +43 53 58 83 98
www.bikerranch.at
GPS 47.525116, 12.248623

Tschechis
Österrei
Italien

Ausflug ins **Sonnenland**

Wer Kärnten erreicht, hat die nördliche Alpenkette bereits überwunden – und damit eine Wetterscheide. Das österreichische Bundesland darf sich vor allem seines sonnigen Wetters rühmen. Bekannt ist es nicht nur für seine Berge, sondern mindestens ebenso für seine zahlreichen Gewässer. So verfügt Kärnten über knapp 60 Seen – da kann die Entscheidung durchaus schwerfallen. Dafür liegen Touren zu und entlang der zahlreichen Seen nahe. Für Motorradreisende ist die Landschaft wie geschaffen.

Grandiose Ausblicke bietet die Gerlitzen Alpenstraße.

TOUR 1

ROADBOOK

Basisort Berg im Drautal für alle drei Touren
GPS (46.74808, 13.136170)

Berg im Drautal, Oberdrauburg, Iselsberg, Winklern, Außerfragant, Spittal an der Drau, Stockenboi, St. Stefan im Gailtal, Pressegger See, Hermagor, Weißbriach, Greifenburg, Berg im Drautal (ca 192 km).

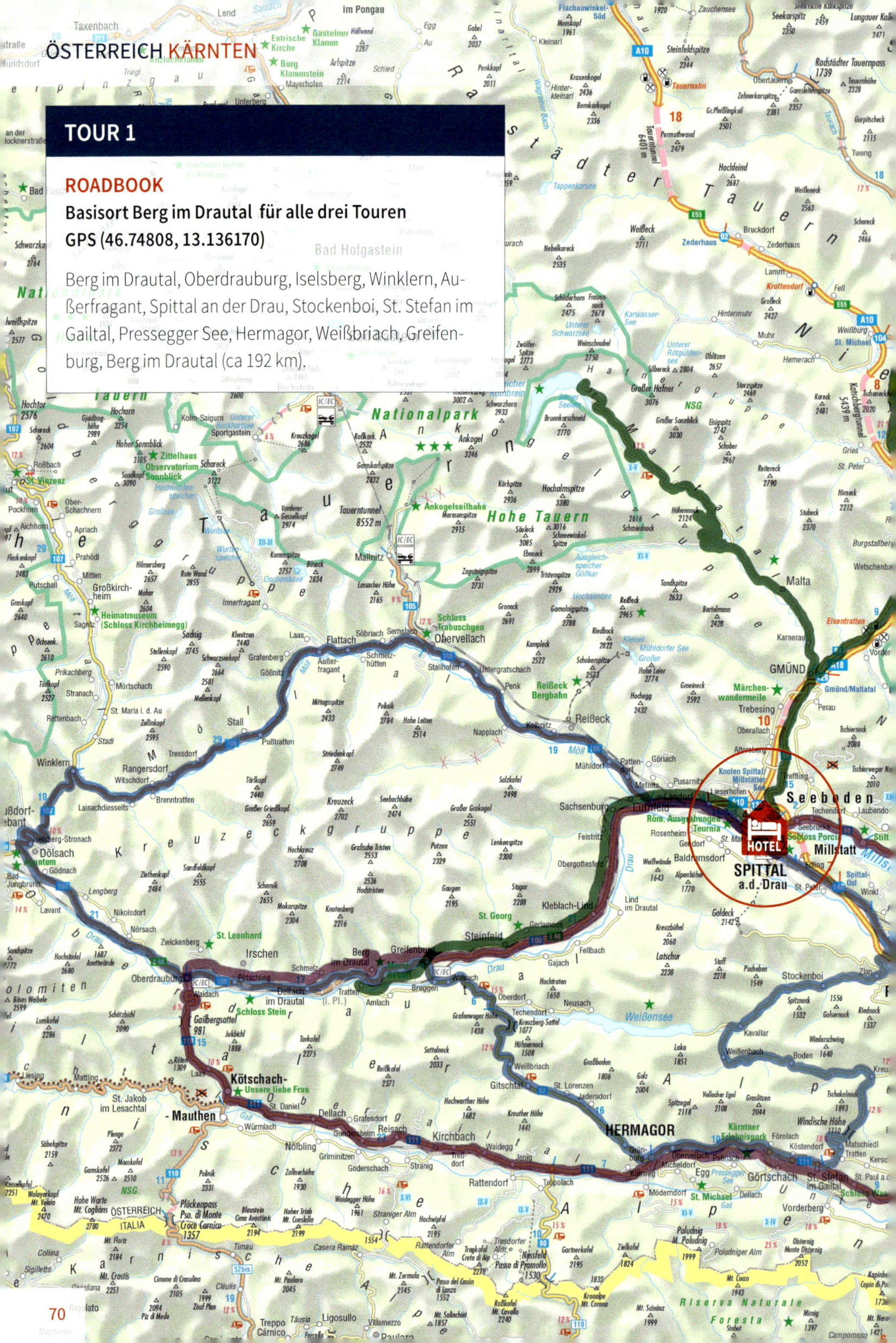

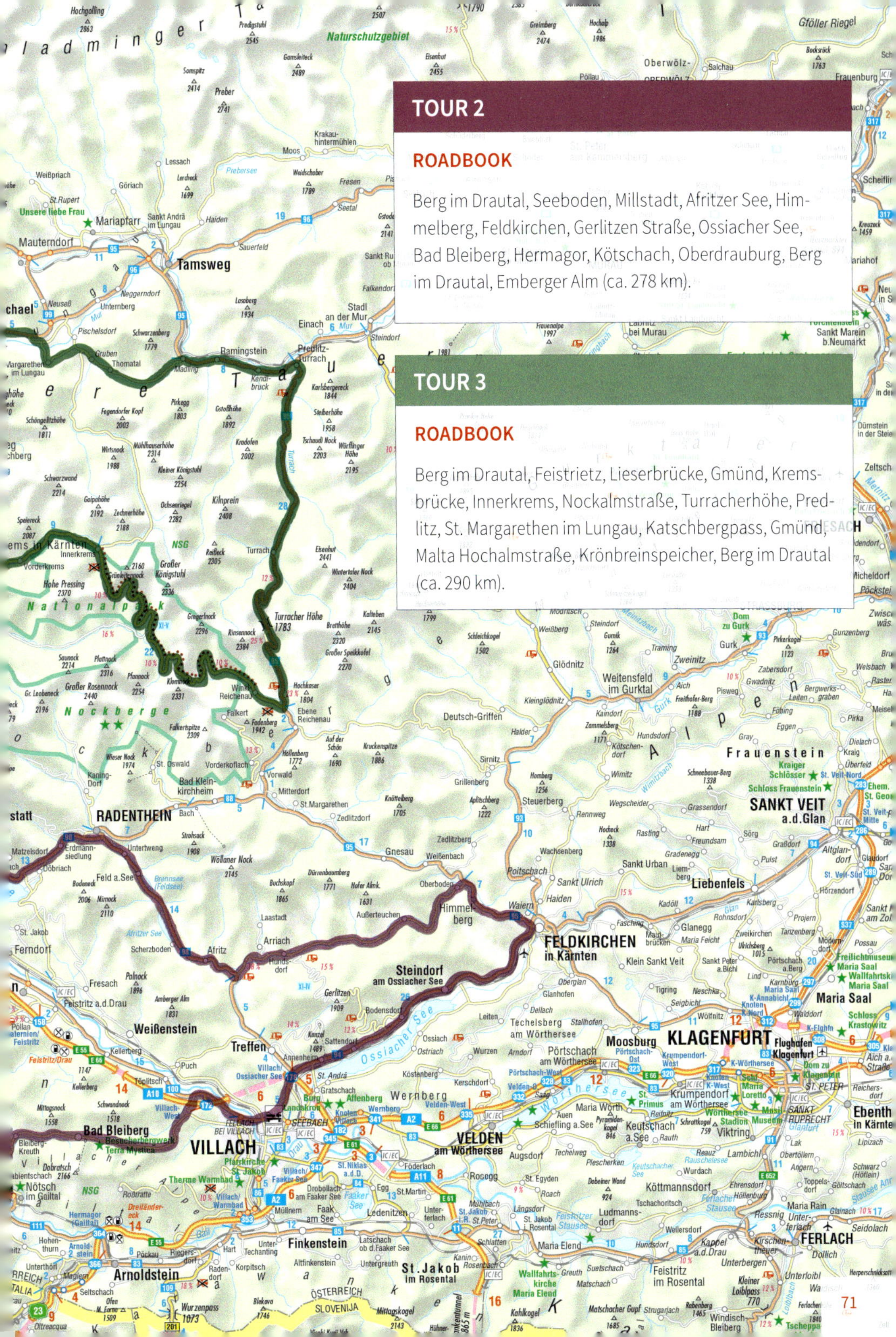

TOUR 2

ROADBOOK

Berg im Drautal, Seeboden, Millstadt, Afritzer See, Himmelberg, Feldkirchen, Gerlitzen Straße, Ossiacher See, Bad Bleiberg, Hermagor, Kötschach, Oberdrauburg, Berg im Drautal, Emberger Alm (ca. 278 km).

TOUR 3

ROADBOOK

Berg im Drautal, Feistrietz, Lieserbrücke, Gmünd, Kremsbrücke, Innerkrems, Nockalmstraße, Turracherhöhe, Predlitz, St. Margarethen im Lungau, Katschbergpass, Gmünd, Malta Hochalmstraße, Krönbreinspeicher, Berg im Drautal (ca. 290 km).

Tour 1 Idyllischer Westen

Als Ausgangspunkt für ausgedehnte Motorradtouren in drei Länder ist Berg kaum zu toppen. Die günstige Lage im Drautal erlaubt eine schnelle Anreise. Einige der schönsten Motorradstraßen der Alpen liegen hier zudem – zumindest fast – vor der Haustüre.

Den Anfang macht aber ein Fluss, nämlich die Drau, die zunächst westwärts nach Osttirol führt. Den Kärntner kümmert das nicht. Im Gegenteil. Als Land zwischen Grenzen vereinnahmt es den Osttiroler Zipfel ebenso wie Italien, mit dem es sich einen gut Teil seiner Grenzen teilt, oder Slowenien. Dreiländertouren sind hier Alltag, nicht Ausnahme. Hauptsache, man kehrt nach Kärnten zurück.

In Kärnten gehört ein Halt am Weissensee unbedingt auf die To-Do-Liste.

Perfekte Serpentinen

Kurz vor Lienz wird also abgeschwenkt und am Iselsberg ein erster Pass mit gut ausgebauten Serpentinen unter die Räder genommen. Der 1204 Meter hohe Iselsberg gilt als Hausberg von Osttirols Hauptstadt. Ein Abstecher zum Großglockner wäre möglich, da über die Passhöhe – die die Landesgrenze zwischen Osttirol und

Über den Iselsberg, den Hausberg von Lienz, führt die gleichnamige Passstraße.

Kärnten markiert – auch die Großglockner Straße führt, die vom Lienzer Becken zum oberen Mölltal und weiter zur gleichnamigen Hochalpenstraße führt. Doch diese Route zweigt in Winklern bereits ins Mölltal ab.

Bei Flattach ergibt sich ein Abstecher zur Raggaschlucht, der zwar mit einem kurzen Fußmarsch verbunden ist, den Weg zu diesem Naturschauspiel aber lohnt. Mit einer Länge von etwa 800 Meter ist sie einer der kürzesten Schluchten Österreichs, aber durch ihre besondere Enge und Tiefe – bis zu 200 Meter – eine der beeindruckendsten. Weiter geht es die Möll ent-

Die spätgotische Pfarrkirche St. Stefan im Gailtal.

Entspannung am Presseger See.

lang, bis diese kurz vor dem Millstätter See in die Drau mündet. Statt das beliebte Badegewässer zu umrunden, hält man sich ab Spittal an der Drau in südlicher Richtung, um über Stockenboi einen kurvenreichen Schwenk zum kleinen, aber sehr feinen Farchtensee einzulegen. Das milchig-türkise Gewässer befindet sich inmitten der Gailtaler Alpen in einem Landschaftsschutzgebiet. Dennoch kann man mit dem Motorrad bis an die weitgehend unverbauten Ufern heranfahren.

Kärntner Naturjuwel

Weiter geht es nach St. Stefan im Gailtal. Von dort ist es nicht mehr weit bis zum Pressegger See, einem weiteren Kärntner Naturjuwel. Eingebettet in den zweitgrößten Schilfgürtel Österreichs, liegt er im Unteren Gailtal. Mit einer Fläche von 55 Hektar ist er der neuntgrößte See Kärntens. Wer im Sommer unterwegs ist, sollte unbedingt Badeklamotten in die Motorradkoffer packen, denn mit bis zu 28 Grad Wassertemperatur zählt die „Badewanne des Gailtals" zu den wärmsten Seen Österreichs. Man sollte also vorbereitet sein. Keine fünf Kilometer

Ein Bummel durch Hermagor lohnt sich.

in westlicher Richtung ist dann auch schon Hermagor erreicht.

Im Süden wird die Gemeinde von den Karnischen Alpen sowie im Norden von den Gailtaler Alpen begrenzt. Auf der Fahrt hindurch sind also tolle Ausblicke auf die umliegenden Gipfel garantiert. Der Name leitet sich von Hermagoras, einem frühchristlichen Heiligen ab. Ihm zu Ehren ist die örtliche Pfarrkirche geweiht, in deren Inneren die barocke Ausstattung bestaunt werden kann.

TOUREN-STECKBRIEF

STRECKENLÄNGE
ca. 192 km

DAUER
Halbtages- bis Tagestour

HIGHLIGHTS
Lienzer Hausberg Iselsberg, Naturschauspiel Raggaschlucht, Farchtensee, Pressegger See.

CHARAKTER
Eine eher leichte Tour, die sich gut für Einsteiger anbietet. Statt Kurventaumel steht hier gemütliches Cruisen entlang der schönen Seen im Vordergrund.

Prämierter See

Über Weißbriach könnte man mit einem Schwenk kurz vor Ende dieser Tour auch noch den Weissensee mit auf die To-Do-Liste setzen. Er wurde 1995 mit dem „Europäischen Preis für Tourismus und Umwelt" ausgezeichnet und zum Naturpark erklärt. Stattdessen bleibt man auf der Weissenseer Bundesstraße, die als B 87 ausgewiesen ist. Diese führt einen in schwungvollen Kurven ins westlich gelegene Greifenburg, das sich in ein schmales Talbecken des Oberen Drautals einbettet. Ein Bummel durch den schon von den Römern gegründeten Ort lohnt sich, bevor es zurück nach Berg geht. ◄

Das Gebiet rund um den Weissensee steht unter besonderem Schutz.

Tour 2 Fahrerische Leckerbissen

Von Berg geht es in östlicher Richtung zunächst an der Möll entlang, bis diese kurz vor dem Millstätter See in die Drau mündet. Der Millstätter See ist – nach dem Wörthersee – der zweitgrößte See von Kärnten und mit 141 Metern sein tiefster und wasserreichster. Er ist knapp zwölf Kilometer lang und liegt auf 588 Höhenmetern. Das Wasser hat Trinkqualität und wird im Hochsommer gerne bis zu 26 Grad warm. Perfekte Badebedingungen also. Doch motorradverrückte Wasserratten können auch abseits des Ufers Erfrischung finden. 2012 wurde hier das erste Kärntner Badehaus eröffnet, das Wellness zu jeder Jahreszeit ermöglicht. Es befindet sich direkt am Nordufer des Sees und gehört zur Gemeinde Millstatt am See.

Der Millstätter See ist der zweitgrößte See in Kärnten (oben und unten).

Kunst im Kloster

Man kann sich aber noch weiter in die Vergangenheit entführen lassen: Um 1070 wurde ein romanisches Benediktinerkloster errichtet, das 1469 vom Orden der St.-Georgs-Ritter übernommen und im gotischen Stil umgebaut wurde. Von 1598 bis 1773 hatte der Jesuitenorden die Verwaltung inne und stattete die Stiftskirche St. Salvator und Allerheiligen mit einer barocken Inneneinrichtung aus.

Das Kloster wird mittlerweile nicht mehr sakral, aber immer noch intellektuell betrieben. Im ersten Stockwerk können sich Besucher auf einer Fläche von 400 Quadratmetern in einem multifunktionalen Raum mit allen Spielarten der zeitgenössischen Kunst – von der Bildenden Kunst über Tanz bis hin zu angrenzenden Kunstformen wie Multimediapräsentationen und Installationen – näher beschäftigen.

Besonderer Leckerbissen

Ist das beliebte Badegewässer erst umrundet, folgen schon bald Brennsee und Afritzer See. Letzterer befindet sich auf 750 Metern Seehöhe und ist in die sanften Kuppen der Nockberge wie ein Juwel in der Schatulle eingebettet. Die Teuchener Landesstraße 46 führt wohlschwingend weiter nach Feldkirchen, von wo aus es auf direktem Weg zum Ossiacher See geht. Hier wartet ein besonderer Leckerbissen auf die Motorradfahrer.

Die Gerlitzen Alpenstraße ist einer von drei Wegen, die hoch hinauf auf den Skiberg Gerlitzen führen. Im Sommer eröffnen sich auf der Mautstrecke zum 1909 Meter hohen Gipfel recht grandiose Ausblicke weit übers Land. Es handelt sich um eine maut-

Fahrt über den 1074 Meter hohen Kreuzbergsattel.

TOUREN-STECKBRIEF

STRECKENLÄNGE
ca. 278 km

DAUER
Tagestour

HIGHLIGHTS
Kulturgenuss am Millstätter See, Leckerbissen für Motorradfahrer sind die Gerlitzen Alpenstraße, der Kreuzbergsattel sowie die Emberger Alm.

CHARAKTER
Die Pass- und Panoramastraßen dieser Tour haben es fahrerisch durchaus in sich. Entsprechende Erfahrung sollte daher unbedingt vorhanden sein.

Mit der Kanzelbahn kommt man alternativ auch auf den Gerlitzen hinauf.

pflichtige Privatstraße (acht Euro pro Fahrzeug), die auf 1720 Metern Höhe am Parkplatz eines Hotels endet. Bis dorthin ist die Straße durchgehend asphaltiert, der weiterführende Weg unterliegt aber einem Fahrverbot. Auf den knapp 14 Kilometer sind Steigungen von bis zu 14 Prozent und gut ausgebaute Kehren zu meistern. Da es sich um eine Sackgasse handelt, nimmt man den gleichen Weg auch wieder retour, was den Fahrspaß allerdings nicht trübt.

Enge Serpentinen

An Villachs Außenbezirken vorbei führt der Weg anschließend über die Höhenlagen um Bad Bleiberg zum Pressegger See und weiter nach Hermagor. Hier zweigt die B 87 ab, die zunächst nach Weißbriach und über den 1074 Meter hohen Kreuzbergsattel. Die Auffahrt lohnt sich vor allem von der südöstlichen Rampe, da die Straße hier enge, aber gut zu fahrende Serpentinen bietet, die sich in moderaten Steigungen nach oben winden. Op-

Blick vom Gerlitzen auf den Ossiacher See.

tisch imposanter präsentiert sich die Nordrampe zwischen dem Weißensee (auf 930 Meter Höhe) und dem Reißkofel (auf 2371 Meter Höhe). Die letzten Kurven schwingen hinab ins Drautal und zurück nach Berg.

Tolle Panoramastraße

Zum guten Schluss kommt dann ein neuerliches Fahrerlebnis: Die gut zwölf Kilometer lange Panorama-Straße Emberger Alm ist immer noch ein Geheimtipp unter Motorradfahrern. Dabei muss sie sich mit ihren 28 sehr schön ausgebauten Serpentinen keineswegs hinter bekannteren Namen verstecken. Der Grund, warum sie kaum jemand kennt – geschweige denn fährt –, liegt vermutlich darin, dass es sich auch bei ihr um eine Sackgasse handelt.

Vom Ausgangsort Berg zieht sich die Straße zunächst durch den Wald und dann in luftige Höhen von bis zu 1755 Metern zur namensgleichen Emberger Alm hinauf. Dort befinden sich einige Hotels, in denen man einkehren oder auch übernachten kann. Weiter geht es allerdings nicht, es sei denn auf gleichem Weg zurück, was angesichts der tollen Panoramaausblicke hier aber durchaus zu empfehlen ist. ◂

Wer ein wenig klettert, wird mit noch lohnenderen Ausblicken belohnt.

Tour 3 Tour de Natur

Am Millstätter See führt diese Tour von Berg aus gen Norden und geradewegs nach Gmünd hinein. Die Stadt liegt am Zusammenfluss von Malta und Lieser an einer der wichtigsten Nord-Süd-Verbindungen über die Alpen, die hier von der Tauern Autobahn (A 10) überquert werden. Das Gebiet der heutigen Stadtgemeinde erstreckt sich im Westen entlang der Ausläufer des Nationalparks Hohe Tauern und im Osten entlang des Nationalparks Nockberge und weiß nicht zuletzt mit seiner Historie in den Bann zu ziehen.

Historische Schätze in Gmünds Porsche-Museum.

Porsches Wirken

Entstanden ist Gmünd vermutlich zwischen dem 11. und 12. Jahrhundert als Vorposten der Erzdiözese Salzburg zum Schutz des Katschbergsattels gegen das Kärntner Herzogtum. Das Stadtrecht erhielt sie 1346. Damit ist sie nach Friesach die zweitälteste Stadt im heutigen Kärnten. Aufmerksamkeit verdient das ansässige Porsche-Museum. Hier wirkte Prof. Dr. Ing. h. c. Ferdinand Porsche von 1944 bis 1950. Er ließ sogar im Mai 1945, also kurz vor Ende des Zweiten Weltkriegs, die Produktionsstätten seiner Firma in diese vom Kriegsgeschehen wenig gefährdete Stadt verlegen.

In Gmünd entstand der erste echte „Porsche" – der legendäre 356. 44 Coupés und acht Cabrios verließen das Werk Gmünd, in viel Handarbeit erschaffen von 300 Mitarbeitern. 1982 eröffnete vor diesem Hintergrund der Gmünder Antiquitätenhändler Helmut Pfeifhofer das erste private Porsche Automuseum in Europa.

TOUREN-STECKBRIEF

STRECKENLÄNGE
ca. 290 km

DAUER
Tagestour

HIGHLIGHTS
Besuch des Porsche-Museums in Gmünd, Nockalmstraße, Turracher Höhe mit der Kölnbrein-Sperre, Malta Hochalmstraße und die zugehörigen „Malteiner Wasserspiele".

CHARAKTER
Die Tour ist sowohl fahrerisch als auch landschaftlich schlichtweg sensationell. Kurvenerfahrung auf Bergstraßen sollte aber vorhanden sein.

Durch die Nockberge

Nur ein paar Kilometer nördlich geht es in Kremsbrücke nach Innerkrems ab, dem Ausgangspunkt der ebenfalls kostenpflichtigen, aber angesichts der grandiosen Natur unbedingt empfehlenswerten Nockalmstraße. Sie führt durch den erst nach ihrem Bau initiierten Nationalpark Nockberge. Auf den 35 Kilometern durch das Schutzgebiet schlängelt sich das Asphaltband über 52 Kehren.

Die Steigung beträgt maximal zwölf Prozent. Dennoch wird auf dem höchsten Punkt, der Eisentalhöhe,

Verdiente Pause auf der Turracher Höhe.

Mutige können sich auf dem Skywalk der Kölnbreinsperre versuchen.

die 2000-Meter-Marke um 40 Meter überschritten. Kurz vor Ebene Reichenau mündet sie dann in die Bundesstraße 95 ein. Das war einmal die steilste Passstraße Europas. Sagenhafte 23 Prozent beträgt der Steigungswinkel zur auf knapp 1800 Meter gelegenen Turracher Höhe hinauf, die Kärnten mit der Steiermark verbindet.

Nur eine Kehre

Nicht weit entfernt lockt dann der knapp zwölf Kilometer lange Katschbergpass. Lediglich eine Kehre wurde eingebaut, dafür hat es die Steigung an manchen Stellen ziemlich in sich. Die Strecke führt nach Gmünd zurück, wo noch ein weiteres Asphaltschätzchen wartet: die Malta Hochalmstraße. Auf einer Länge von knapp 15 Kilometern führt die mautpflichtige Straße (Motorradfahrer zahlen 11,50 Euro) durchs Maltatal hinauf zur höchsten Staumauer Österreichs: Die Kölnbrein-Sperre liegt auf 1933 Metern.

Man muss kein großer Rechenkünstler sein, um festzustellen, dass man sich über einige Steigungen hinaufkämpfen muss. Schließlich beginnt diese Alpenstraße auf nur 911 Metern.

Geprägt von sechs Natursteintunneln, gleich mehreren scharfen Spitzkehren und zahlreichen Wasserfällen ist die Malta Hochalmstraße eine der spektakulärsten Alpenstraßen Österreichs. Besonders beeindruckend sind dabei die „Malteiner Wasserspiele". Das Wasser rauscht hier über mehrere Felsstufen in die Tiefe. An zwei besonders engen Stellen wird der Verkehr per Ampel gesteuert. An der Staumauer ist Schluss mit dem motorisierten Verkehr. Da als Stichstraße angelegt, geht es auf gleichem Wege retour nach Gmünd und dem Basisort Berg. ◂

Alle anderen genießen den Blick auf den Wasserfall im Maltatal.

HOTEL INFOS

UNSER BASISLAGER

Für Chef Hannes vom Gasthof Hassler und die Söhne des Hauses, Armin und Johannes, bedeutet Motorradfahren Spaß und Freiheit. Alle drei sind selbst begeisterte Motorradfahrer und stehen den Gästen stets mit den besten Tourentipps zur Seite. Der Konditormeister und sein Nachwuchs wissen umn die Lage von Berg im Drautal als idealen Ausgangspunkt für Ausflüge zu den Kärntner Seen und Sehenswürdigkeiten.

Nicht weit ist es zum Großglockner oder auch zur Nockalmstraße. Auch Ausfahrten in die Dolomiten, ins benachbarte Italien oder nach Slowenien wissen die Gäste zu schätzen. Am Ende eines Arbeitstages kann es aber nicht immer die ganz große Tour sein. Dann zieht es die Hasslers gerne auf die Emberger Alm, die auch mit dem Motorrad zu bezwingen ist.

Zurück im Gasthaus kümmert sich Armin ums leibliche Wohl der Gäste, mit saisonalen Gerichten aus der Kärntner Küche und selbst gemachten süßen Leckereien. Die Chefin des Hauses Christa sorgt derweil für herzliche Gastfreundschaft, die so schnell niemand vergisst. Nach der erlebnisreichen Motorradtour kann man sich also auf gemütliche Stunden in den Gasträumen oder auf der Sonnenterrasse freuen. Das familiär geführte Haus liegt auf etwa 700 Meter Seehöhe und ist umgeben von duftenden Wäldern und mit Panorama-Aussicht auf die Berge.

SPEZIELL FÜR MOTORRADFAHRER

Alle Zimmer sind mit Dusche/WC, Haartrockner, SAT-TV, Radio, größtenteils Balkon ausgestattet. WLAN ist im gesamten Haus kostenlos. Fahrräder, Motorradkarten, Wander- und Tourenkarten, Infrarotkabine und Fitnessraum stehen kostenfrei zur Verfügung. Gleiches gilt für den Eintritt in ein nahegelegenes Freibad (10 Gehminuten). Für Motorräder stehen zwei große, abschließbare Garagen, eine Schrauberecke, Trockenraum sowie Tourenkarten zur Verfügung.

HOTEL

Gasthof / Pension / Café / Konditorei Hassler***
Berg 131, A-9771 Berg im Drautal
T +43 47 12 208-0
www.cafe-hassler.at
GPS 46.74808, 13.136170

Prag
Wien
Österreich

Wie im **Motorrad-Märchen**

Der Nordosten Österreichs ist nicht gerade als Traumziel für Motorradfahrer bekannt. Spektakuläre Passstraßen befinden sich genau in der entgegengesetzten Ecke des Landes. Das verträumte Voralpenland in Ober- und Niederösterreich bietet dafür ganz andere Reize: Vor allem Fans von Kultur und Kulinarik kommen hier auf ihre Kosten. Geprägt wird die Region von der mächtigen Donau. Ihre Schönheit ist bereits vor langer Zeit entdeckt worden. Schon die Nibelungen zogen der Legende nach dem Lauf des Flusses folgend durch das Donautal. Und Motorradfahrer machen es ihnen heute nach.

In den Weinbergen der Wachau öffnet sich der Blick auf die Donau.

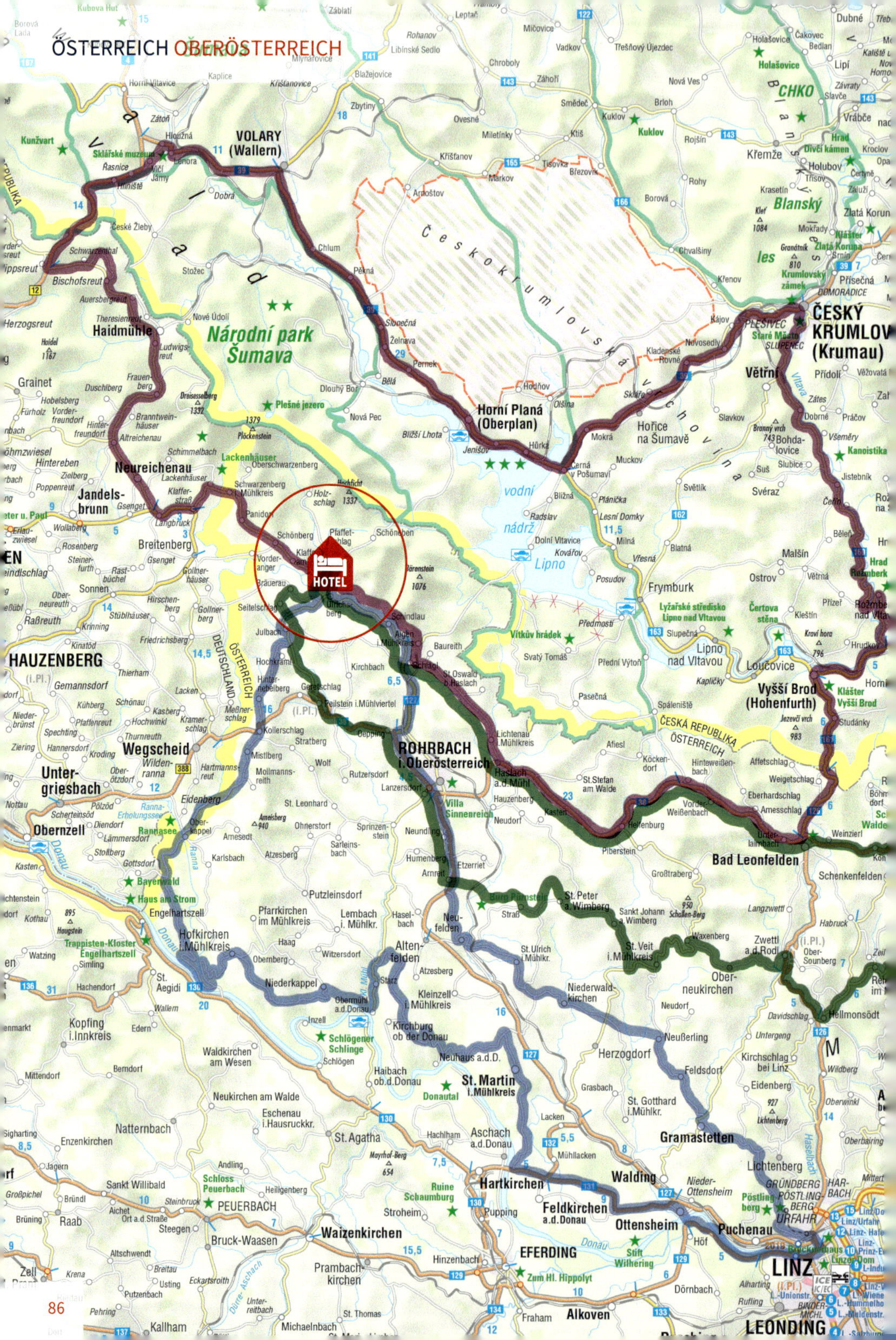
HOTEL
VOLARY (Wallern)
Národní park Šumava
Českokrumlovská vrchovina
ČESKÝ KRUMLOV (Krumau)
Horní Planá (Oberplan)
Hořice na Šumavě
vodní nádrž Lipno
Frymburk
Lipno nad Vltavou
Vyšší Brod (Hohenfurth)
ČESKÁ REPUBLIKA
ÖSTERREICH
DEUTSCHLAND
Haidmühle
Neureichenau
Jandelsbrunn
Breitenberg
HAUZENBERG
Wegscheid
Untergriesbach
Obernzell
ROHRBACH i. Oberösterreich
Bad Leonfelden
Hofkirchen i. Mühlkreis
Niederkappel
Altenfelden
Neufelden
St. Martin i. Mühlkreis
Herzogdorf
Gramastetten
Walding
Ottensheim
Puchenau
Feldkirchen a.d. Donau
Hartkirchen
Aschach a.d. Donau
Waizenkirchen
PEUERBACH
EFERDING
Alkoven
LINZ
LEONDING
Blanský les
CHKO

TOUR 1

ROADBOOK

Basisort Ulrichsberg für alle drei Touren (GPS 48.6846, 13.923530)

Ulrichsberg, Peilstein im Mühlviertel, Neustift im Mühlkreis, Niederranna, St. Martin im Mühlkreis, Ottenheim, Linz, Gramastetten, St. Ulrich im Mühlkreis, Neufelden, Rohrbach, Ulrichsberg (ca. 180 km).

TOUR 2

ROADBOOK

Ulrichsberg, Bad Leonfelden, Vyšší Brod, Český Krumlov, Nadrz Lipno, Volary, Philippsreut, Brandweinhäuser, Schwarzenberg am Böhmerwald , Ulrichsberg (ca. 200 km).

TOUR 3

ROADBOOK

Ulrichsberg, Julbach, Peilstein im Mühlviertel, St. Peter am Wimberg, Waxberg, Glasau, Ottenschlag im Mühlkreis, Kronast, Kefermarkt, Gutau, Weitersfelden, Liebenau, Freistatt, Bad Leonfelden, Hasslach an der Müh, Ulrichsberg (ca. 220 km).

Tour 1 Durch das Mühlviertel

Sanfte Höhen aber auch Granit prägen die Landschaft des Mühlviertels (von oben).

Der Basisort der drei Touren durch Oberösterreich heißt Ulrichsberg und schmiegt sich auf einer Höhe von 626 sehr malerisch an einen sanften Hügel an, der sich aus dem Tal der Großen Mühl erhebt. Der nordöstliche Teil des Gemeindegebietes gehört zur Bergkette des Böhmerwaldes, der sich entlang der deutsch-tschechischen Grenze erstreckt und der für Motorradreisende eine hübsche Spielwiese bietet. Die Umgebung von Ulrichsberg ist von kleinen Bauerndörfern fernab städtischen Trubels geprägt. Zunächst geht es in südwestlicher Richtung ins Mühlviertel hinein.

Wie von Geisterhand

Das Mühlviertel ist ein geheimnisvolles Land, ganz aus Granit entstanden. Das Urgestein ist es auch, das diese Landschaft geprägt hat und sie so maßgeblich vom Rest dieses österreichischen Bundeslandes unterscheidet. Es bildet sanfte Höhenzüge, mit dichten Wäldern bedeckt. Und es formt auch den mystischen Charakter dieser Region. Denn immer wieder bricht der Granit durch den Boden und bildet unerklärliche Formationen, abgeschliffene Steine, wie durch Geisterhand aufeinandergeschichtet.

Diese Findlinge und Wackelsteine sind zu den Wahrzeichen des Mühlviertels geworden. Auf kleinen, kurvenreichen Straßen passiert man nette Ortschaften wie Peilstein im Mühlviertel oder Neustift im Mühlkreis und schlägt sich – nunmehr entlang der deutschen Grenze – bis zur Donau weiter. Die Strecke hinab zum mächtigen Fluss hat es mit Steigungen bis zu 15 Prozent durchaus in sich.

Am Gewässer angekommen lohnt ein Bummel durch das ehemalige Fischerdorf Niederranna. Das Örtchen verdankt seinen Namen der Ranna, einem Nebenfluss der Donau. Statt dem Verlauf der Donau gen Südosten zu folgen, geht es auf die L 587 Ebenhoch Straße, die in einem wahren Zickzackkurs nach Hofkirchen im Mühlkreis führt und einen durch die abwechslungsreiche Mühlviertler Landschaft leitet, die für Wanderer, Erholungssuchende, Naturfreaks, aber auch Motorradreisende wie geschaffen ist.

Lehrreiche Landschaft

In unmittelbarer Nähe zu den größten Granitsteinbrüchen Österreichs lohnt in St. Martin im Mühlkreis der Besuch der Erlebniswelt Granit. Der größte geologische Lehrpfad Österreichs demonstriert mit über 160 Exponaten die österreichische Natursteinlandschaft. Diese umfasst sowohl Natur-

Lehrpfad in der Erlebniswelt Granit.

Idyllisch bettet sich Aschach an die Donau an.

steine, die derzeit abgebaut werden, als auch historische Gesteine und geologische Besonderheiten.

Die folgenden Kilometer bringen einen dann bis zur Marktgemeinde Aschach. Sieliegt eingebettet im Donautal und am Rande des Eferdinger Beckens – einer fruchtbaren Ecke, die aufgrund ihres Gemüseanbaus für die Region bedeutsam ist. Ein Spaziergang durch den historischen Ortskern lohnt sich aufgrund der vielen noch gut erhaltenen Bürgerhäuser aus dem Mittelalter. Darüber hinaus sind auch einige Fassaden und Innenhöfe aus gotischer, barocker und der Renaissance-Zeit zu bewundern. Etwas außerhalb des Zentrums kann am Ende zwischen Mühlviertel und Donaudurchbruch der Staudamm des Kraftwerkes Aschach angefahren werden.

TOUREN-STECKBRIEF

STRECKENLÄNGE
ca. 180 km

DAUER
Tagestour

HIGHLIGHTS
Kurvenreichen Straßen im Mühlviertel, Fischerdorf Niederranna, Erlebniswelt Granit, Linz, Gramastettner Krapferl.

CHARAKTER
Bei dieser Tagestour handelt es sich fahrerisch um eine einfache Strecke, die sich bestens für Anfänger oder Wiedereinsteiger eignet.

Wichtige Wärmequelle

Es wurde zwischen 1959 und 1964 als zweites österreichische Donaukraftwerk gebaut, um die Wasserkraft als saubere Form der Energiegewinnung nutzen zu können. Zur Nahwärmeversorgung nutzt die erste Großwärmepumpe in Österreich die Maschinenabwärme des Kraftwerkes. Als weitere Wärmequelle wird das bei allen Donaukraftwerken anfallende Schwemmholz in einer Biomasseverbrennungsanlage verfeuert. Das europaweit beispielhafte Projekt der

Donaukraft wurde mit einem Umweltschutzpreis ausgezeichnet.

Über die Donau geht es per Fähre von Ottensheim nach Wilhering. Nächster Halt ist Linz, die knapp 190 000 Einwohner zählende Hauptstadt von Oberösterreich. In den vergangenen Jahren wurde dort viel in die Bereiche Architektur und Kultur investiert. Lohn der Mühe war der Ehrentitel „Kulturhauptstadt Europas", mit dem sich die Stadt 2009 schmücken durfte. So modern einige Bauten auch wirken mögen, das eigentliche historische Zentrum, das schon von den Römern gegründet wurde, strahlt einen sehr viel gemütlicheren Charme aus. Mit Linz ist der südöstlichste Punkt dieser Tour erreicht.

Auf dem Rückweg nach Ulrichsberg sollten Leckermäuler sich aber in Gramastetten im unteren Mühlviertel noch verführen lassen. In „Hummel's Backmanufactur" sollte man unbedingt die Gramastettner Krapferl probieren. Erfunden wurdeen sie schon 1898 von Anton Hummel. Es handelt sich um ein ein handtellergroßes Mürbteiggebäck, das wahlweise mit Zuckerguss oder Schokokappe daherkommt. Sehr lecker! ◂

Süße Delikatessen gibt es bei Hummel's in Gramastetten.

Linz, die Hauptstadt Oberösterreichs, ist unbedingt einen Besuch wert.

Tour 2 Im Grenzgebiet

Das Zisterzienserkloster von Vyšší Brod (oben).

Die ersten gut 50 Kilometer dieser Tour sind dem nördlichen Ende des Mühlviertels gewidmet. Von Ulrichsberg geht es parallel zur tschechischen Grenze auf kleinen Straßen und entlang der dichten Wälder des Böhmerwaldes in Richtung Südosten. Zunächst erreicht man Haslach, das sich am Zusammenfluss der Großen und Steinernen Mühl befindet. Es gilt als Zentrum der Mühlviertler Leinenweberei . Über Jahrhunderte prägte das textile Schaffen das wirtschaftliche, soziale und kulturelle Leben der Menschen in diesem hügeligen Landstrich nahe der Grenze zu Bayern und Böhmen und trug maßgeblich zur Identität des Orts bei.

Anbau von Flachs

Grundlage für die Leinenweberei war der Anbau von Flachs, der auf dem ansonsten wenig ertragreichen Granitboden des Mühlviertels hervorragend gedieh. Das weiche, kalkarme Wasser der Mühlviertler Flüsse bot außerdem die ideale Voraussetzung für das Weiß-Bleichen der fertigen Stoffe. Aufgrund dieser geografischen Gegebenheiten begannen die Mühlviertler Bauern schon im 13. Jahrhundert Flachs zu kultivieren und in den Wintermonaten in Heimarbeit von Hand zu verspinnen sowie anschließend zu Stoffen zu verweben.

Aus der anfänglich bescheidenen Produktion für den Eigengebrauch entwickelten sich zu Beginn des 16. Jahrhunderts vollerwerbstätige Weber und Leinenhändler, die in Zünften organisiert waren und ihre Ware bald weit über die regionalen Grenzen hinweg verkauften. Stoffe, die auf den Wochenmärkten in Haslach gehandelt wurden, exportierte man in ferne Länder.

Obwohl es im Mühlviertel noch heute einige gut situierte Webereien gibt, hat doch in den letzten 30 Jahren

Der Besuch des Webereimuseums bringt viele Erkenntnisse (linke Seite unten und links).

der globale Strukturwandel in der Textilwirtschaft auch vor Haslach nicht halt gemacht. 2012 wurde ein sehenswertes Webereimuseum gegründet.

Fortschrittliche Bikes

Die Weiterfahrt erfolgt auf der Böhmerwald Straße B 38, die sich in einer Vielzahl kleiner Kurven durch die Landschaft erstreckt, und einen bis in den Luftkurort Bad Leonfelden bringt. Liebhabern von fortschrittlichen Fortbewegungsmitteln steht hier eine Sehenswürdigkeit der besonderen Art zur Verfügung. Die Elektro-Motorräder von Johammer haben ihre Hei-

Spannend ist eine Führung durch das Werk der Johammer Elektro-Motorräder.

TOUREN-STECKBRIEF

STRECKENLÄNGE
ca. 200 km

DAUER
Tagestour

HIGHLIGHTS
Webereimuseum in Haslach, Elektromotorräder in Bad Leonfelden, Zisterzienserkloster von Vyšší Brod, UNESCO-Stadt Český Krumlo und das Südböhmische Meer.

CHARAKTER
Die Straßen im deutsch-österreischisch-tschechischen Grenzgebiet passen sich meist den landschaftlichen Gegebenheiten an. So führen sie zum Teil sehr kurvenreich am Fluss entlang und sind im Nationalpark Böhmerwald mitunter herausfordernd.

mat in Bad Leonfelden im Mühlviertel. Die kleine, feine Zweiradschmiede bietet nicht nur Werksführungen, sondern auch geführte Tagestouren durch das Granithügelland nördlich der Donau an. Das Unternehmen hat es sich zur Aufgabe gemacht, neue Mobilität durch innovative Ansätze zu entwickeln. Mit dem Johammer J1 hat es 2014 das erste Elektromotorrad mit einer Reichweite von 200 Kilometern entwickelt und produziert.

Die tschechische Grenze ist hier nur noch knapp über zehn Kilometer entfernt, sodass es sich durchaus anbietet auch einen Blick auf die Straßen des Nachbarlandes zu werfen. Schnurstracks gen Norden führt die Tour in die Region Südböhmen. An der Einmündung des Flusses Menší Vltavice in die Moldau befindet sich die Stadt Vyšší Brod (deutsch Hohenfurth), die vor allem aufgrund ihres Zisterzienserklosters bekannt ist. Es gilt als das geistige Zentrum der Region und wurde Mitte des 13. Jahrhunderts gegründet. Bis heute lebt dort eine kleine Mönchsgemeinschaft. Besucher sind aber dennoch herzlich willkommen.

Malerische Stadt

Dem Flussverlauf folgend, der sich in schönen und recht gleichmäßigen Kurven durch die Landschaft schlängelt, geht es in nordöstlicher Rich-

Malerisch präsentiert sich der mittelalterliche Kern von Český Krumlov .

tung weiter nach Český Krumlov. Das sagt euch nichts? Aber von Krumau an der Moldau habt ihr doch sicher schon einmal gehört? In welcher Sprache man die Stadt auch immer benennen möchte, sehenswert ist sie allemal. Schließlich ist das malerische Renaissancestädtchen mehr als faszinierend. Bei einem Spaziergang durch das historische Stadtzentrum wird sofort klar, weshalb diese einzigartige mittelalterliche Siedlung auf der Liste der UNESCO-Denkmäler steht.

Südböhmisches Meer

Nach der Besichtigung wird das Motorrad in Richtung Südwesten gelenkt und der Stausee Lipno angesteuert. Er ist mit seiner Länge von 42 Kilometern und einer maximalen Breite von fünf Kilometern der größte seiner Art in der Tschechischen Republik. Schnell hatte er daher auch seinen Spitznamen Jihočeské moře (deutsch: Südböhmisches Meer) weg. Erbaut wurde er 1959, um die flussabwärts gelegenen Städte vor Hochwasser zu schützen.

Der See befindet sich am Rande des österreichisch-tschechischen Nationalparks Böhmerwald, den man auf den kommenden Kilometern auf schönen Straßen entlang fährt. Bevor es zurück nach Österreich geht, darf auch ein Zipfelchen von Deutschland angesteuert werden. Man rollt durch die Ausläufer des Bayerischen Waldes, bevor die Reifen dann in Schwarzenberg wieder Kontakt zum österreichischen Boden bekommen und einen zurück nach Ulrichsberg bringen. ◂

Der Lipno-Stausee wird auch als „Südböhmisches Meer“ bezeichnet.

100 000 Kurven-Reich

Tour 3

Auch die dritte und letzte Tour durch Oberösterreich startet in Ulrichsberg und führt in einer schönen Runde gen Osten. Auf den ersten Kilometern genießt man auch hier die schönen kleinen Straßen des Mühlviertels, die hier geografisch gesehen schon zum südlichen Böhmerwaldausläufer gehören.

Keine Langeweile

Den verschiedenen Landschaften gemein ist, das sie mit sanften Hügeln gesegnet und meist von kleinen Dörfern und Gemeinden durchzogen sind. Das Schönste für Motorradreisende aber ist: Obwohl dieses Gebiet keine Passstraßen zu bieten hat, wird einem hier alles andere als langweilig.

Den Straßenbauern ist es an fast keinen Stellen gelungen, längere Geraden einzubauen. Welch ein Glück! Im Grunde wäre es egal, welche Himmelsrichtung man genau einschlägt,

Feine Straßen, tolle Landschaften: das ist das Mühlviertel!

TOUREN-STECKBRIEF

STRECKENLÄNGE
ca. 220 km

DAUER
Halbtagestour

HIGHLIGHTS
Burgruine Waxendorf, Bad Leonfelden.

CHARAKTER
Es sind nicht die namhaften Pässe oder touristischen Städte, die auf dieser Runde begeistern. Wirklich begeisternd sind die unzähligen kleinen Straßen, die sich einem Kurvenwirrwarr gleich durch die Landschaft ziehen.

Die Burgrunie von Waxenberg.

denn es handelt sich um ein 100 000-Kurven-Reich, in dem überall tolle Motorradstraßen auf einen warten.

Kultur-Schatz

In Waxenberg angekommen, lohnt sich ein längerer Halt an der Burgruine, die oberhalb des Städtchens auf einer Höhe von 800 Metern thront. Errichtet wurde sie vermutlich schon im 13. Jahrhundert. Ein Blitzschlag im Jahre 1756 führte allerdings zu einem Großbrand, der weite Teile des Gebäudes zerstörte. Ein Kulturverein bemüht sich seit den 1950er Jahren um die Erhaltung dieser kulturellen Sehenswürdigkeit. So wurde erst vor wenigen Jahren der 30 Meter hohe Turm zu einer Aussichtswarte ausgebaut. Bei schönen Wetter kann man hier wunderbare Ausblicke in die umliegenden Hügellandschaft genießen.

Über Kefermarkt erreicht man wenig später kurvenreich Liebenau, den östlichen Punkt dieser Route. Das beschauliche Dorf liegt auf satten 1000 Metern Höhe. Der Rückweg nach Ulrichsberg verläuft dann mehr oder weniger eng an der Grenze zu Tschechien entlang. So ist der Kurort Bad Leonfelden nur sechs Kilometer südlich von der Staatsgrenze gelegen und ebenfalls einen Besuch wert. ◂

Im tschechischen Grenzgebiet bei Bad Leonfelden.

HOTEL INFOS

UNSER BASISLAGER

Der Sonnenhof befindet sich in einer besonders schönen Höhenlage oberhalb der Gemeinde Ulrichsberg. Schon die Anfahrt auf den „Hintenberg“ ist ein besonderes Fahrerlebnis. Lohn der Mühe sind die wunderbaren Panoramaausblicke hinunter ins Tal. Bei schönem Wetter schaut man sowohl nach Deutschland, als auch nach Tschechien. Kein Wunder, schließlich sind beide Staatsgrenzen nur zehn Kilometer entfernt.

Der Familienbetrieb wurde von den Eheleuten Dietmar und Heike Krauk ins Leben gerufen. Üblicherweise begrüßt der Chef die neu ankommenden Gäste und kümmert sich um ihre Wünsche. Natürlich verrät er dabei gerne auch seine Insider-

tipps für die Region. Die Chefin ist dagegen hauptsächlich für das leibliche Wohl zuständig und zaubert mit frischen Zutaten und heimischen Produkten leckere Hausmannskost. Mittlerweile ist

mit Christoph, Lucas und Magdalena aber schon die nächste Generation nachgerückt und hilft engagiert im Betrieb mit.

SPEZIELL FÜR MOTORRADFAHRER

Das kleine, aber feine Haus bietet zwölf Zimmer, die allesamt sehr gemütlich eingerichtet sind. Außerdem kann man sich nach der Motorradtour im Wellnessbereich bestens entspannen. Das Motorrad pausiert derweil entweder auf dem überdachten Parkplatz oder der Garage. Eine Schrauberecke sowie ein Trockenraum stehen natürlich auch bereit.

HOTEL

Gasthaus Pension Sonnenhof
Hintenberg 39, A-4161 Ulrichsberg
T. +43 72 88 22 80
www.sonnenhof-krauk.at
GPS 48.684590, 13.923530

53
Bodensee
Vaduz
Bern
Schweiz

Bei den **Eidgenossen**

Die Schweiz ist ein vielseitiges Motorradland. Nicht nur wegen der verschiedenen Sprachen und einhergehenden kulturellen Einflüsse, sondern auch aufgrund der vielfältigen Tourenmöglichkeiten in einer prächtigen Bergwelt. Obwohl das Land lediglich rund 40 000 Quadratkilometer groß ist, birgt es eine enorme Vielfalt. Es quillt förmlich über vor landschaftlichen Eindrücken, die guten Gewissens als Schweizer Bilderbuchlandschaft bezeichnet werden können. Sie bietet auf kleinstem Raum zudem eine enorme Pässevielfalt.

Der Silvaplanersee liegt auf einer Höhe von 1815 Metern im Oberengadin.

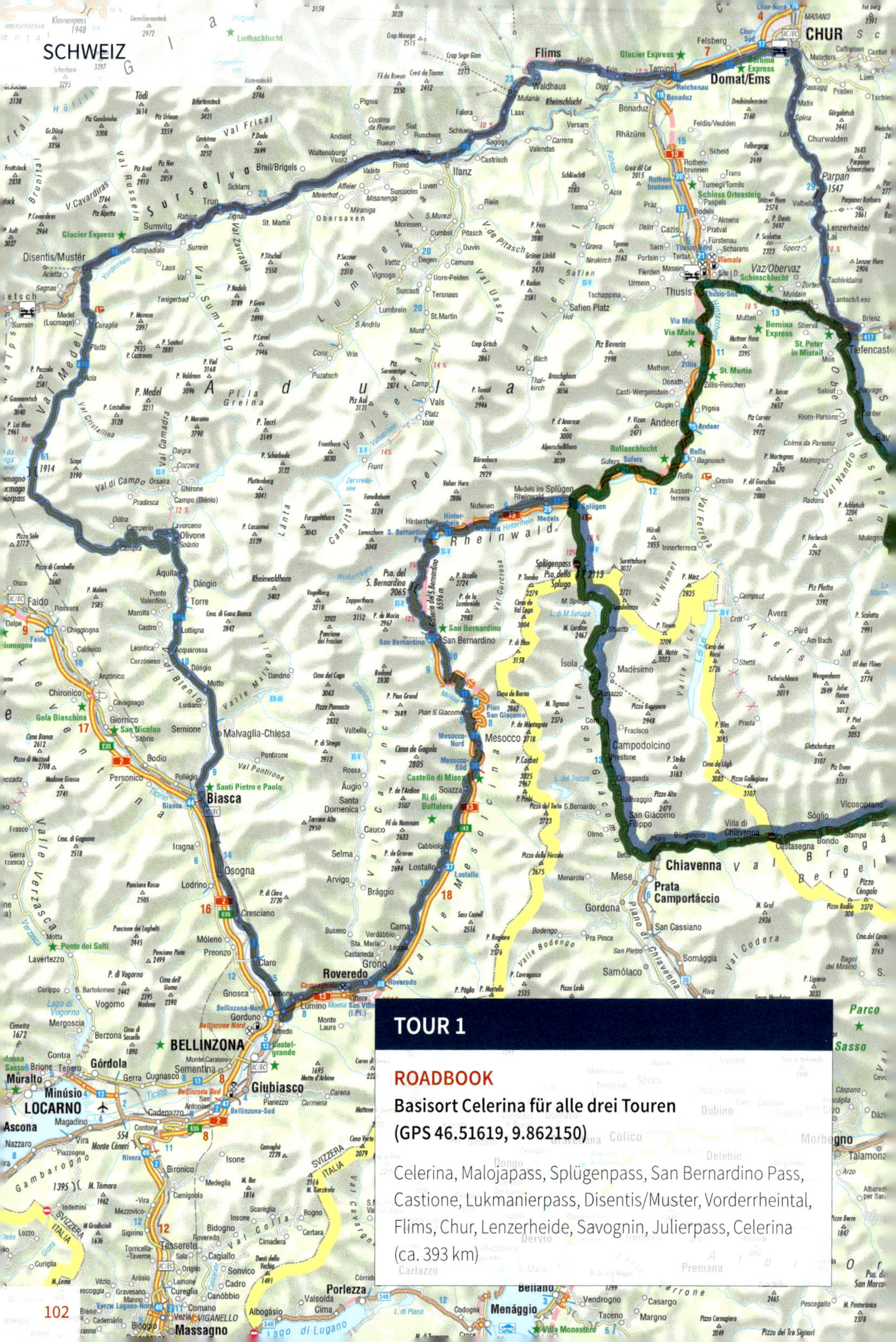

TOUR 1

ROADBOOK

Basisort Celerina für alle drei Touren (GPS 46.51619, 9.862150)

Celerina, Malojapass, Splügenpass, San Bernardino Pass, Castione, Lukmanierpass, Disentis/Muster, Vorderrheintal, Flims, Chur, Lenzerheide, Savognin, Julierpass, Celerina (ca. 393 km)

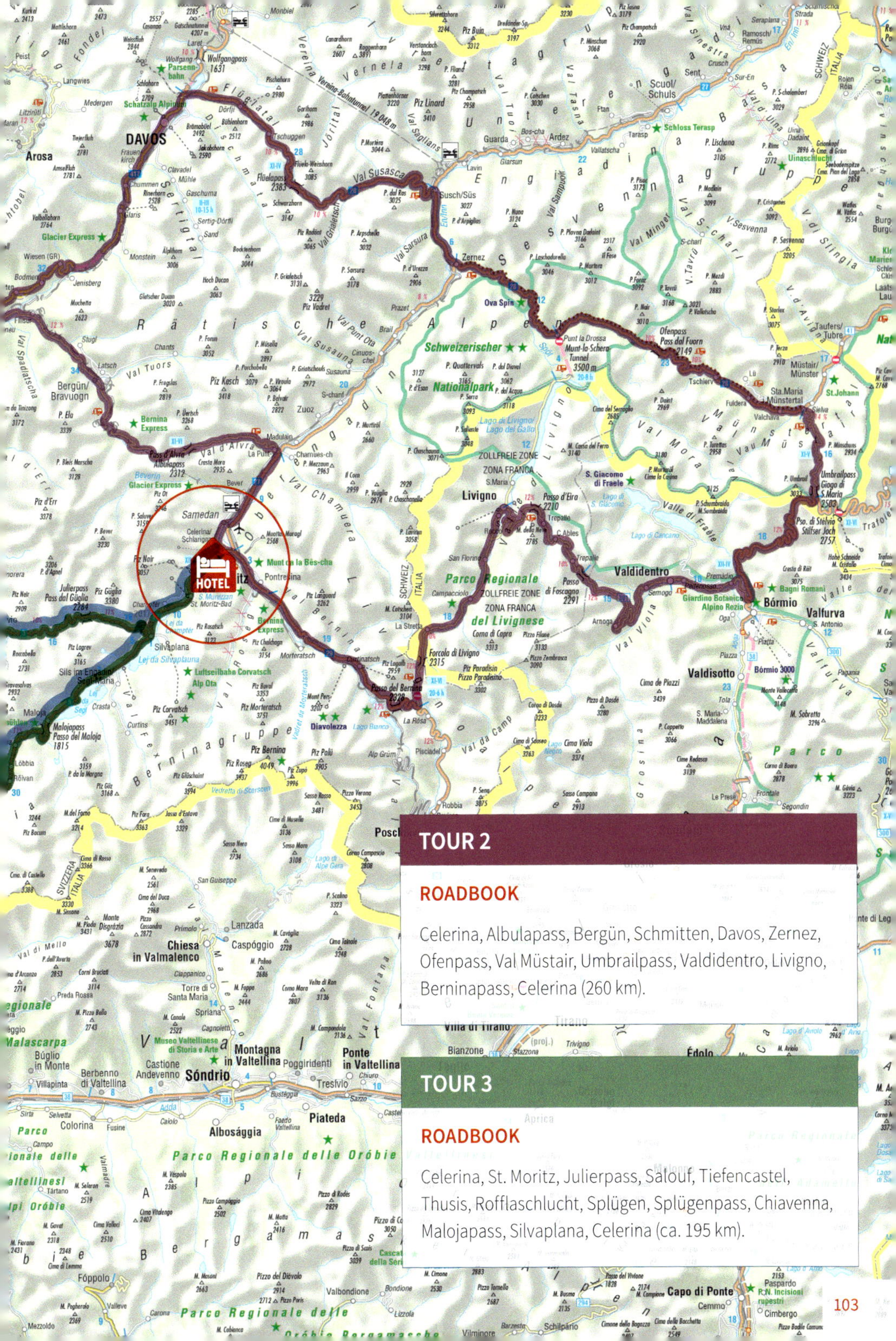

TOUR 2

ROADBOOK

Celerina, Albulapass, Bergün, Schmitten, Davos, Zernez, Ofenpass, Val Müstair, Umbrailpass, Valdidentro, Livigno, Berninapass, Celerina (260 km).

TOUR 3

ROADBOOK

Celerina, St. Moritz, Julierpass, Salouf, Tiefencastel, Thusis, Rofflaschlucht, Splügen, Splügenpass, Chiavenna, Malojapass, Silvaplana, Celerina (ca. 195 km).

Tour 1 Im Pässetaumel

Die erste Tour ist nichts für Weicheier, zumindest wenn man die vorgeschlagene 393 Kilometer lange Route an einem Tag abreißen möchte. Dies ist möglich, erfordert aber allerhand Kurvenerfahrung und entsprechende Kondition. Von Basisort, dem sonnenverwöhnten Celerina – kein anderer Ort im Engadin kommt auf so viele Sonnenstunden – geht es in südwestlicher Richtung über das mondäne St. Moritz und vorbei an gleich mehreren Seen schon zum ersten fahrerischen Vergnügen: dem Malojapass.

Dieser Pass ist definitiv ein Kuriosum: Er hat nur eine Rampe – und zwar auf eben dieser Südwestseite. Er fällt von Maloja auf rund 23 Kilometern um fast 1100 Meter ab und führt nach Italien hinüber. Die Grenze zwischen Schweiz und Italien befindet sich im hübschen Dörfchen Castasegna.

Über den Splügenpass

Nicht weit entfernt befindet sich Chiavenna, an der die Südrampe des Splügenpasses beginnt. Diese ist zwar nicht ganz perfekt ausgebaut, geizt dafür aber nicht mit Kurven, von denen ein

Die Kirche San Gian thront auf einem Hügel östlich von Celerina.

Teil in Tunneln oder Galerien liegt. Dieser Pass führt von der Lombardei zurück nach Graubünden. Die Nordrampe endet in Splügen Dorf, das in seinem Urzustand geblieben ist und noch etliche alte Holzhäuser aufweist.

Hier hält man sich westlich, um im Hinterrhein wieder einen Motorradtraum par excellence zu erleben. Die Rede ist von der gut ausgebauten und kehrenreichen Straße über den San Bernardino, die das Rheintal in Graubünden mit dem Valle Mesolcina im Tessin verbindet. Mit dieser Passstraße überquert man auch die innerschweizer Sprachgrenze zwischen Deutsch und Italienisch.

Bereits die Römer kannten den breiten, topografisch einfachen Passübergang. Der bis ins späte Mittelalter genutzte ursprüngliche Weg führte etwa einen Kilometer östlich der heutigen Strecke am Fuße des Piz Uccello entlang. Verstärkte Rodungen erhöhten mit der Zeit das Lawinenrisiko. Um vom im 15. Jahrhundert zunehmenden Transitverkehr profitieren zu können, mussten die Anlieger auf beiden Seiten des Passes handeln. Sie verlegten die Route vom gefährdeten Hangfuß in die Mitte des breiten Sattels.

Kurven ohne Ende am San Bernardino.

Verlegte Passage

Um 1870 wurde der San Bernardino zu einer befahrbaren Straße ausgebaut. Die noch verbliebene lawinengefährdete Passage am Geißberg eliminierte

Bei 2 067 Metern Höhe kann trotz Sommer noch Schnee am San Bernardino liegen.

Der Lukmanierpass führt durch eine beeindruckende Landschaft.

man, indem die Route den Rhein nun weiter westlich querte. Auf der Passhöhe wurde der Weg ebenfalls nach Westen verlegt, sodass er den Sattel an der tiefsten Stelle überwand.

Beide Rampen begeistern bis heute mit zahlreichen, flüssig zu fahrenden Kehren. Hinzu kommt fast himmlische Ruhe, denn 1967 wurde der San-Bernardino-Tunnel zwischen Hinterrhein und San Bernardino eröffnet. Seitdem fließt der Großteil des Verkehrs durch ihn und macht den Pass zu einem noch lohnenswerteren Ziel.

Vom südlichen Basisort Castione führt die Tour anschließend abermals gen Norden und weiter auf den Lukmanier, der erneut zwei Kantone miteinander verbindet. Vom Tessin führt er nordwärts nach Graubünden. Die kurvenreiche Südrampe passiert kurz vor dem 1915 Meter hohen Scheitel die Ebene bei Campra und damit das größte nordische Skizentrum des Tessins. Von dort aus geht es weiter durch das auch als Sonnental bekannte Bleniotal. Dieses liegt landschaftlich wunderbar eingebettet zwischen idyllischen Alpweiden und tollen Panoramaausblicken – und ist in einer offiziell anerkannten Naturlandschaft, mit biologischen, geomorphologischen und kulturhistorischen Schätzen, eingebettet. Genutzt wird die Route schon seit Jahrhunderten. Der Legende nach handelt es sich bei dem Lukmanier um den Lieblingspass für die Alpenüberquerung des legendären Barbarossa.

TOUREN-STECKBRIEF

STRECKENLÄNGE
ca. 393 km

DAUER
lange Tagestour

HIGHLIGHTS
Malojapass, Splügenpasses, San Bernardino, Lukmanierpass, Julierpass.

CHARAKTER
Ein Großteil der befahrenen Pässe gehört zu den höchsten der Schweizer Alpen. Daher ist eine Befahrung selten vor Anfang Juni und meist nur bis Ende Oktober möglich. Wichtig: Immer vorsichtig fahren und die Geschwindigkeit, besonders in den Tälern nicht außer Acht lassen. Die Strafen in der Schweiz sind schmerzlich.

Rätormanische Kultur

Mit Disentis/Mustér ist eine beliebte Ferienregion an der Rheinquelle erreicht. Alpine Natur, ein Benediktinerkloster und viel rätoromanische Kultur können hier entdeckt werden. Das Kloster war über Jahrhunderte ein Machtzentrum erster Güte. Die Benediktiner hatten eine offizielle Funktion als „Hüter des Lukmanier" inne.

Mehrfach wurde die schon immer prächtige Anlage angegriffen und zerstört, aber stets wieder aufgebaut. Noch heute wird es als Lehranstalt genutzt. Von einem um 1750 errichteten Schloss ist nach seiner Niederbrennung allerdings nichts mehr übrig.

Der Julierpass führt durch Schweizer Bilderbuchlandschaften.

Chur verzaubert

Mit Chur ist der nördlichste Punkt dieser Tour erreicht. Inmitten der imposanten Bergwelt thront die vermeindlich älteste Stadt der Schweiz. Da die Altstadt auto- und somit motorradfrei ist, muss sie zu Fuß erkundet werden. Sie verzaubert mit verwinkelten Gassen und historischen Gebäuden und einem nahezu mediterranen Flair.

Sehr viel Zeit bleibt für die Erkundung allerdings ohnehin nicht, denn es will noch der spektakuläre Julierpass genossen werden. Zunächst geht es allerdings reichlich beschwingt über Lenzerheide und Savognin nach Tiefencastel, wo die 36 Kilometer lange Nordrampe beginnt.

Diese ist von flachen Teilstücken, die immer wieder von kurzen „Treppen" mit einigen steileren Kehren unterbrochen werden, geprägt. Bei der Abfahrt hinunter nach St. Moritz und damit zurück zum Ausgangsort Celerina genießt man zum Abschluss dann noch traumhafte Ausblicke auf weite teile des Engadin. ◂

Die Altstadt von Chur ist äußerst einladend.

Der Abulapass geizt nicht mit landschaftlicher Vielfalt und abwechslungsreicher Streckenführung.

Tour 2

Lauter Superlative

Schon wenige Kilometer nördlich vom Ausgangsort Celerina führt diese Route zum kleinen, aber sehr feinen Albulapass. Die recht schmale Straße hat seit der Eröffnung der Albulabahn kaum noch Bedeutung. Daher ist sie auch von Oktober bis Juni, vor allem wegen Lawinengefahr, gesperrt. In der übrigen Zeit ist der Pass aber gerade bei Motorradfahrern wegen seiner landschaftlichen Vielfalt und der abwechslungsreichen Streckenführung sehr beliebt.

Die Nordwestrampe endet in Bergün. Von dort aus schlängelt sich die Straße entlang idyllischer Landschaften nordöstlich bis nach Davos hinauf. Als Kurort ist das Flecken bereits seit mehr als 150 Jahren bekannt. Einst war ein Landarzt aus Deutschland vor der Vollstreckung seines Todesurteils dorthin geflüchtet.

In Buchform verewigt

Er erkannte die heilende Wirkung der sauberen Höhenluft und errichtete die erste Kuranstalt. Kein geringerer als der deutsche Literatur-Nobelpreisträger Thomas Mann beschrieb später nicht nur das Leben und Leiden von Lungenkranken, sondern auch die alpine Landschaft und die Häuser des Ortes. Nach Erscheinen im Jahr 1924 waren Einheimische alles andere als begeistert, dass er sich Davos und seine fantastische Bergwelt als Hintergrund für seine Erzählung „Der Zauberberg" ausgesucht hatte. Das „globale Dorf" auf 1560 Metern gilt als höchst gelegene Stadt Europas und verfügt über einen interessanten Ortskern.

Weiter geht es ins Engadin, und damit in eines der höchstgelegenen bewohnten Täler Europas, durch das sich die Straße in vielen schönen Kurven schlängelt. Im Unterengadin angekommen, beginnt im Ferienort Zernez der Schweizer Nationalpark. Er ist der älteste Naturpark der Alpen – und der bislang einzige auf dem Staatsgebiet der Schweiz.

Die meisten Teile dieses 172,4 Quadratkilometer großen und 1979 offiziell als UNESCO-Biosphärenreservat anerkannten Schutzgebietes sind lediglich zu Fuß zu erreichen. Mehrere der über 20 Täler sind für den Menschen sogar komplett gesperrt, da sie als Ruhezonen für die Tierwelt dienen.

Die Fahrt auf dem Ofenpass macht einen Heidenspaß.

Eine Straße kann aber auch motorisiert befahrbaren werden – und zwar die über den Ofenpass, die natürlich auch Teil dieser Route ist. Auf 35 Kilometern schlängelt sich die bestens ausgebaute und in einem guten Zustand befindliche Straße von Zernez bis ins Val Müstair (deutsch: Münstertal).

Rund um den Ofenpass herrscht ein besonders mildes Klima. Es zählt es zu den niederschlagärmsten im schweizerischen Hochgebirge. Außerdem ist die Schneegrenze hier so hoch, dass

Jesus wacht über Müstair.

Mit 2503 Metern ist der Umbrail der höchste Schweizer Straßenpass (rechts). Stellenweise führt er an dichten Wäldern vorbei (unten).

der Pass im Normalfall ganzjährig befahren werden kann. Der Name leitet sich im Übrigen von den Schmelzöfen ab, die es in der Region noch bis ins späte Mittelalter gab. Eine Nachbildung eines dieser Öfen ist an der Passhöhe zu finden.

UNESCO-Weltkulturerbe

Vor allem die Fahrt auf der Südrampe macht aufgrund der vielen tollen Serpentinen einen Heidenspaß. Von Tschierv geht es entlang des unverbauten und naturbelassenen Rombaches durch die authentischen Dörfer Fuldera, Valchava und Santa Maria nach Müstair. Die kulturell reichen Dörfer mit ihren im Engadiner Stil erbauten Häusern mit den reichen Sgraffitto-Verzierungen laden allesamt auf einen kurzen Aufenthalt ein.

Mit dem UNESCO Weltkulturerbe, dem Kloster St. Johann aus karolingischer Zeit, wartet Müstair mit dem kulturellen Highlight der Tour auf. Das würde allerdings einen kurzer Abstecher weg von dieser Tour bedingen.

Vielmehr geht es in südlicher Richtung geradewegs zum alpinen Superlativ der Eidgenossen: Mit dem 2 503 Meter hohen Umbrailpass will der höchste Schweizer Straßenpass erklommen werden. Die gut 14 Kilometer lange Strecke ist mittlerweile durchgängig asphaltiert und kann üblicherweise zwischen Mai und November befahren werden. Er führt in die italienische Region Lombardei hinüber. Die Grenzstation ist infolge des 2008 erfolgten Beitritts der

Der Bernina-Pass zählt zu den schönsten Übergängen der Schweiz.

Schweiz zum Schengener Abkommen nicht mehr besetzt, Kontrollen finden nur noch stichprobenweise statt. Infolgedessen entfiel auch die frühere Nachtsperre.

Statt weiter über den Stilfser Pass zu fahren, geht es auf dieser Runde auf den folgenden Kilometern ein Stückchen weiter durch italienisches Territorium. Auf schmalen Straßen wird der Regionalpark Parco del Livignese erkundet, bevor es auch schon auf den weiteren – und letzten Pass – dieser Tour geht: Bernina.

Dieser Oberengadiner Pass zählt zu den schönsten Übergängen der Schweiz und wird möglichst ganzjährig offen gehalten. Er hatte schon immer auch eine wirtschaftliche Bedeutung. Auf der Westseite ist die Trasse der Berninabahn ein ständiger Begleiter der Straße. Beim Bernina Hospiz erreichen die Gleise 2 253 Meter, die mithin höchste Alpentransversale überhaupt. Die Nordrampe endet in Pontresina, nur einen Katzensprung vom Ausgangsort Celerina entfernt. ◂

TOUREN-STECKBRIEF

STRECKENLÄNGE
ca. 260 km

DAUER
Tagestour

HIGHLIGHTS
Davos als höchstgelegene Stadt Europas, das UNESCO-prämierte Val Müstair am Rande des Schweizer Nationalparks und die Pässe Albula, Ofen, Umbrail und Bernina

CHARAKTER
Die Tour bietet eine schöne gesamte Bandbreite an tollen Straßen. Die hochalpine Pässe machen jedoch Bergerfahrung nötig.

Tour 3 Spektakuläre Ausblicke

An der Kirche von Celerina vorbei (oben) geht es ins mondäne St. Moritz (unten).

Die dritte Tour bei unseren Schweizer Nachbarn führt von Celerina aus gen Westen und nach Sankt Moritz auf 1800 Metern Höhe. Der Kern des angeblich so schillernden Urlaubsortes präsentiert sich erstaunlich schlicht. Das Dorf brüstet sich damit, der Erfinder des alpinen Wintertourismus zu sein. Mitte der 1850er Jahre pachtete ein gewisser Johannes Badrutt zunächst eine kleine Pension und eröffnete später mit dem Engadiner Kulm das erste Hotel. Als Visionär legte er nicht nur den Grundstein für die Schweizer Luxushotellerie im Alpenraum, sondern erweckte 1864 durch eine kühne Wette den alpinen Wintertourismus zum Leben.

In historischen Gemäuern versprach er den letzten Sommergästen, dass sie auch im Winter einen strahlend blauen Himmel, klare Luft und Sonnenschein erleben würden. Sollte es ihnen nicht gefallen, käme er für alle Kosten auf. Wenn es ihnen jedoch gut gefalle, müssten sie selbst bezahlen.

Die Gäste waren begeistert und blieben sogar länger als geplant bis zum Frühjahr. Braungebrannt reisten sie ab und erzählten vom fantastischen Bergwinter. So viel zur Legende.

Ausblicke auf das Engadin

An St. Moritz vorbei, geht es über den spektakulären Julierpass. Bei der Auffahrt genießt man noch einmal wunderschöne Ausblicke auf das Engadin, muss sich dann aber doch konzentrieren. Die Route der zwischen 1820 und 1826 erbauten Straße überwindet eine Höhendifferenz von 1433 Metern, die maximale Steigung beträgt zehn Prozent. Die Nordrampe endet in Tiefencastel, wo die Route nach Westen hinüberschwingt.

Wenige Kilometer später ist dann auch schon die Region rund um die wohl berühmteste Schweizer Schlucht erreicht. Thusis befindet sich am Fuße des Piz Beverin und ist das nördliche Eingangsportal zur Viamala-Schlucht.

Der Begriff Viamala stammt aus dem Rätoromanischen und bedeutet so viel wie „schlechter Weg". Einst war die Straße entlang der engen Felsenschlucht des Hinterrheins ein mächtiges Hindernis auf dem Weg über die Alpen.

Ein Wasserspektakel ist in der Viamala-Schlucht zu erleben.

Sagenhafte Teufelsbrücke

Heutzutage ist sie aber ein Publikumsmagnet und präsentiert sich dementsprechend in bestem Zustand. Nach wie vor beeindruckend sind die teils schwindelerregenden Blicke hinunter in den Canyon, den das Wasser im Laufe der Jahrtausende erschaffen hat. Dies gilt insbesondere für den Halt an der sagenumwobenen Teufelsbrücke. Die Verlängerung der Viamala nach Süden ist dann wieder ein Motorradtraum par excellence.

Der über die Grenze zu Italien verlaufende Splügenpass verbindet Grau-

Die Teufelsbrücke führt über den tiefen Canyon.

TOUREN-STECKBRIEF

STRECKENLÄNGE
ca. 195 km

DAUER
Halbtagestour

HIGHLIGHTS
St. Moritz und die Via Mala Schlucht, außerdem die Passstraßen Julier, Splügen und Maloja.

CHARAKTER
Rein fahrerisch ist diese Runde an einem halben Fahrtag gut zu schaffen. Wer aber auch Besichtigungen einplant, muss entsprechend mehr Zeit einplanen.

bünden mit der Lombardei. Er fädelt bei Thusis in die alte San Bernardino Straße über die legendäre Via Mala mit ihrer faszinierend engen Schlucht ein. In Splügen Dorf ist dann der eigentliche Anfang des Passes. Bei der Zufahrt zum Pass selbst bietet die kehrenreiche Nordrampe auf Schweizer Seite viel Fahrspaß.

Der Pass bringt einen nach Chiavenna, und damit dem südlichsten Punkt dieser Route. Der Maloja bringt einen zurück auf Schweizer Territorium. Dabei ist es schon ein Erlebnis, ihn auch mal in dieser Richtung befahren zu haben. Seine einzige Rampe – die auf der Südwestseite – steigt auf den folgenden rund 23 Kilometern um fast 1 100 Meter an. Die Grenze zwischen Italien und Schweiz befindet sich im Dörfchen Castasegna.

Auf der östlichen Seite des Passes geht es von Maloja aus zumeist recht flach an diversen Seen des Engadin vorbei, ein perfekter Ausklang. Aufgrund der fehlenden Höhenunterschiede kann hier nur schwerlich von einer Rampe gesprochen werden. Lohnenswert ist die Fahrt aufgrund der vielen Postkartenmotive aber dennoch – zumal von dort aus Celernina nicht mehr weit entfernt ist. ◂

Kurven satt am Splügenpass.

HOTEL INFOS

UNSER BASISLAGER

Im sonnigen Dorf Celerina im Herzen des Engadins führt Gastgeber Christian Jurczyk bereits seit mehr als 30 Jahren das 3-Sterne-Hotel Saluver. Es befindet sich am Dorfausgang und ist an den drei Fahnen auf dem Dach einfach zu erkennen.

Im Hotel angekommen wird man vorwiegend vom Inhaber und Küchenchef persönlich begrüßt. Er selbst definiert sich als Hüttenwart mit Kochkenntnissen und wird tatkräftig von seiner Frau Monica und Tochter Geli unterstützt.

Die heimelige und familiäre Atmosphäre lädt zum Verweilen ein – sei es auf der idyllischen Sonnenterrasse, im Engadiner Stübli mit Kachelofen oder im neu errichteten Bistro. Auf der Speisekarte stehen feine Fischspezialitäten, aber auch Bündner Gerichte

SPEZIELL FÜR MOTORRADFAHRER

Man übernachtet wahlweise im schönen Einzelzimmer, Doppelzimmer oder einer Suite. Am Morgen gibt es ein reichhaltiges Frühstücksbuffet: der ideale Start für eine Motorradtour.

Alle 24 Zimmer und Suiten sind mit Bad/Dusche/WC, Radio, TV-Satellit sowie Telefon ausgestattet. Viele Zimmer haben zudem einen Balkon oder eine Terrasse mit Blick auf die umliegende Bergwelt. Die Preise beginnen ab 180 CHF pro Person und Nacht.

HOTEL

Hotel Restaurant Saluver
Via Maistra 128, CH-7505 Celerina
T. +41 81 833 13 14
www.saluver.ch
GPS **46.51619, 9.862150**

lgien
Luxemburg
Bern
YAMAHA

Krieg und **Frieden**

Ein paar Jahrhunderte deutsch-französischer Konflikte haben im Elsass Spuren hinterlassen. Dabei kann die Region sowohl durch ihre Landschaft, als auch mit eigenständiger Kultur und kulinarischer Finesse überzeugen – wie auch mit ihren Straßen.

Bootsidylle am Canal de la Marne au Rhine.

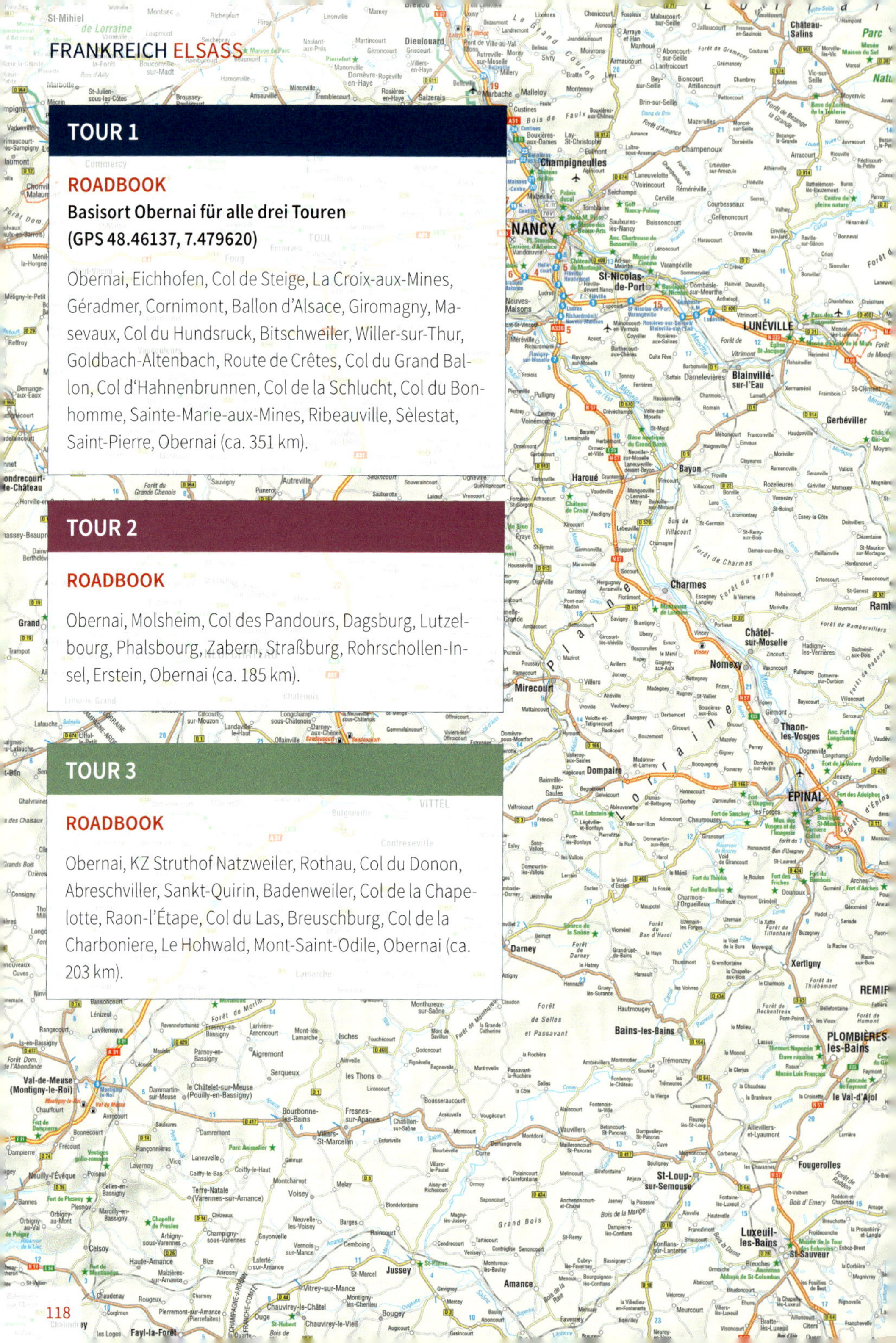

TOUR 1

ROADBOOK

Basisort Obernai für alle drei Touren (GPS 48.46137, 7.479620)

Obernai, Eichhofen, Col de Steige, La Croix-aux-Mines, Géradmer, Cornimont, Ballon d'Alsace, Giromagny, Masevaux, Col du Hundsruck, Bitschweiler, Willer-sur-Thur, Goldbach-Altenbach, Route de Crêtes, Col du Grand Ballon, Col d'Hahnenbrunnen, Col de la Schlucht, Col du Bonhomme, Sainte-Marie-aux-Mines, Ribeauville, Sèlestat, Saint-Pierre, Obernai (ca. 351 km).

TOUR 2

ROADBOOK

Obernai, Molsheim, Col des Pandours, Dagsburg, Lutzelbourg, Phalsbourg, Zabern, Straßburg, Rohrschollen-Insel, Erstein, Obernai (ca. 185 km).

TOUR 3

ROADBOOK

Obernai, KZ Struthof Natzweiler, Rothau, Col du Donon, Abreschviller, Sankt-Quirin, Badenweiler, Col de la Chapelotte, Raon-l'Étape, Col du Las, Breuschburg, Col de la Charboniere, Le Hohwald, Mont-Saint-Odile, Obernai (ca. 203 km).

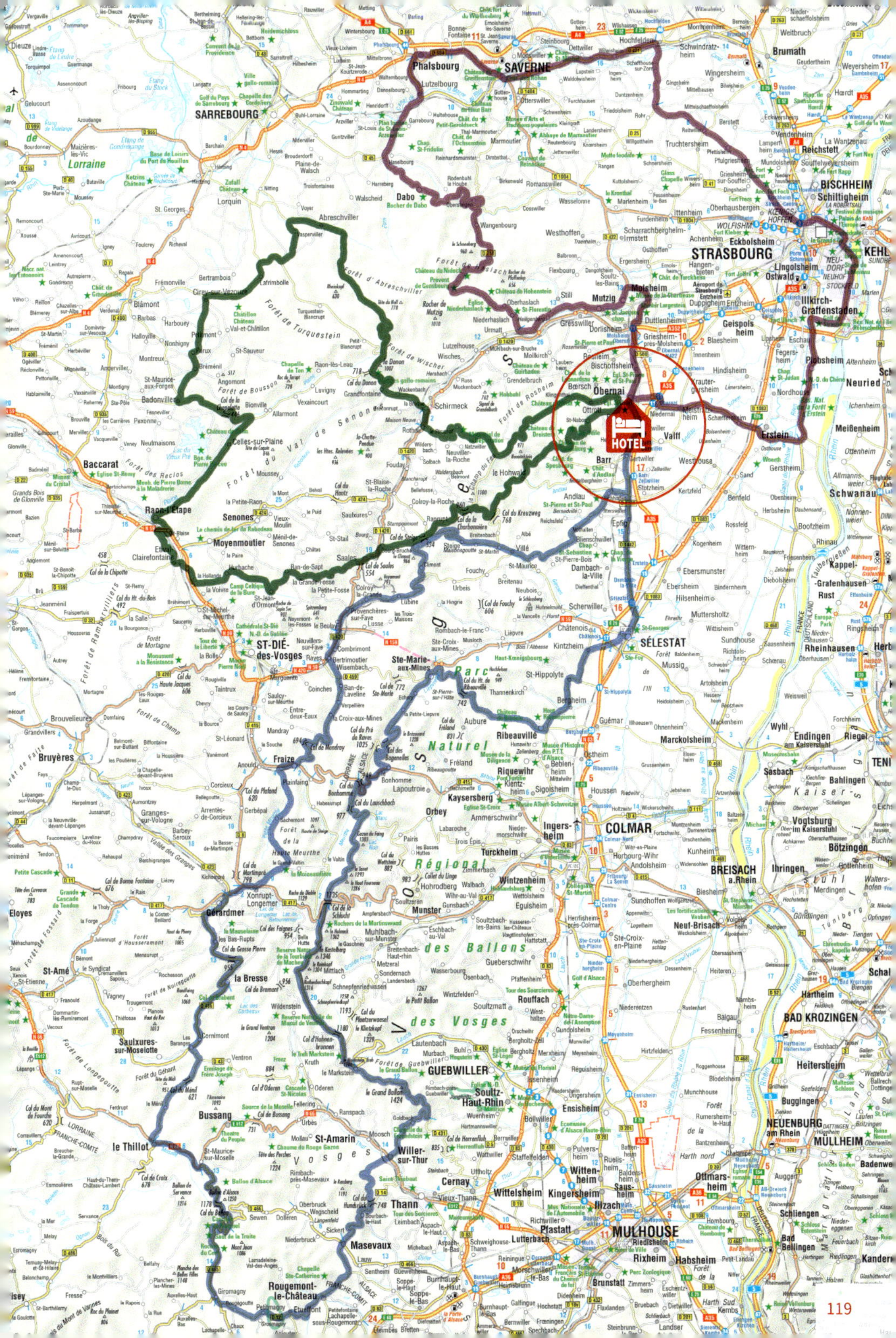

SAVERNE
Phalsbourg
SARREBOURG
Lorraine
STRASBOURG
KEHL
BISCHHEIM
Schiltigheim
Illkirch-Graffenstaden
Molsheim
Mutzig
Obernai
HOTEL
Barr
Valff
Erstein
Dabo
Baccarat
Raon-l'Etape
Senones
Moyenmoutier
ST-DIÉ-des-Vosges
Ste-Marie-aux-Mines
SÉLESTAT
Ribeauvillé
Riquewihr
Kaysersberg
COLMAR
BREISACH a.Rhein
Neuf-Brisach
Munster
Gérardmer
Fraize
La Bresse
Bussang
le Thillot
St-Amarin
GUEBWILLER
Soultz-Haut-Rhin
Cernay
Thann
Masevaux
Rougemont-le-Château
Wittelsheim
Kingersheim
MULHOUSE
Rixheim
Habsheim
Ensisheim
NEUENBURG am Rhein
MÜLLHEIM
BAD KROZINGEN
Heitersheim
Parc Naturel Régional des Ballons des Vosges

Tour 1 Vogesenpässe en masse

Gut 25 Kilometer südwestlich von Straßburg befindet sich der Basisort für alle drei Touren. Er heißt Obernai und erhebt sich an den Ufern der Ehn. Dem historischen Zentrum sollte man seine Aufwartung machen – entweder vor oder nach dem Fahrvergnügen. Dann geht es in den Süden der Region und damit in die Vogesen.

Schon auf den ersten Kilometern säumen hübsche Dörfer die Wegstrecke. Herausgeputzt und touristisch aufbereitet bieten sie jede Menge Fachwerk, Torbögen mit Gemälden oder Steinmetzarbeiten und: Kopfsteinpflaster! Solange es trocken bleibt, ist auch das ein Genuss. Bei Regen ist in den Gassen höchste Vorsicht geboten.

Verwechslungsgefahr: Es gibt den Grand Ballon (oben) und den Ballon d'Alsace (unten).

Der erste Pass

Rund um St. Martin säumen Obstbäume die Landstraße. Sie sind die Rohstofflieferanten für die kleine Schnapsbrennerei in Steige, deren Produkte man am Abend kosten darf. Tagsüber steht schließlich Motorradfahren auf dem Programm. Mit dem Col de Steige steht dann auch der erste Pass an – auch wenn man es gar nicht richtig mitbekommt. Die Passhöhe befindet sich auf lediglich 534 Meter Höhe und entpuppt sich als Wiese mit idyllischem See. Sie ist zumindest ein gemütliches Plätzchen für eine Pause.

Über Les Myrtilles, La Croix-aux-Mines und Géradmer am gleichnamigen See schwenkt die Tour gen Süden. In Saint-Maurice-sur-Moselle steht mit dem Col du Ballon d'Alsace dann ein beeindruckender Vorgeschmack auf die noch folgenden Mittelgebirgspässe an. Auf Deutsch heißt die als D465 ausgeschilderte Straße Elsässer Belchen. Sie führt unterhalb des gleichnamigen und 1247 Meter hohen Berges bis nach Lepuix hinunter. Dort hält man sich in Richtung Osten, um ab Masevaux abermals herrliches Kurvengetümmel zu genießen. Lediglich 16 Kilometer trennen die beiden Rampen des Col du Hundsruck voneinander, diese habe es aber dennoch ganz schön in sich. Ein wahres Kurvenfeuerwerk.

In Willer-sur-Thur nimmt man die ebenfalls sehr kurvenreiche, aber noch viel schmalere Straße D 13 BVI, um sich kurz hinter Goldbach-Altenbach auf die Route de Crêtes zu schmuggeln. Die berühmte Höhenstraße, in unseren Breiten auch als Vogelkammstraße bekannt, beginnt offizielle ein kleines Stückchen weiter südlich in Cernay. Doch da das südliche Ende ohnehin nicht besonders aufregend ist, ergibt die Schummelei an dieser Stelle durchaus Sinn, wenngleich fortan nur 55 statt der eigentlichen 77 Kilometer unter die Räder genommen werden.

Auf der Höhenstraße Route de Crêtes.

Regionaler Naturpark

Diese verlaufen fast vollständig entlang des Hauptkamms der Südvogesen und durch den regionalen Naturpark „Ballon des Vosges". Ursprünglich wurde

Konzentration ist am Col de la Schlucht angesagt.

Das Asphaltband des Col du Bonhomme ist bestens ausgebaut.

sie von den Franzosen zu Kriegszwecken erbaut. Sie verläuft fast ununterbrochen auf westlicher Seite etwas unterhalb der Kammlinie und war somit gegen deutsche Beobachtung und Beschuss geschützt. Man bleibt durchweg auf Höhen rund um 1200 Meter. Fahrspaß ist dadurch garantiert, dass die Straße automatisch über die Kurvenpassagen gleich mehrer Pässe führt. So erhält die Strecke wahrlich einen alpinen Charakter. Der erste im Bunde klingt genauso aufregend, wie er tatsächlich ist: Col du Grand Ballon. Er führt auf den Grand Ballon, den höchsten Berg der Vogesen.

Teilstück mit Tücken

Der 1362 Meter hohe Gipfel des Le Hohneck ist dann Wegbegleiter auf der Weiterfahrt zum nächsten Pass, dem 1180 Meter hohen Col d'Hahnenbrunnen. Recht wild präsentiert sich danach der Col de la Schlucht. Dieses Teilstück hat seine Tücken. Konzentration und gute Nerven sind gefragt, da auf der einen Seite blanker Fels und auf der anderen der Abgrund zu rufen scheinen. Den Pässe-Abschluss und gleichzeitig das Ende der Route de Crêtes markiert der Col du Bonhomme, der mehr als gut ausgebaut ist: Die Straße ist stellenweise sogar dreispurig asphaltiert.

Vorbei ist es aber mit dem Pässevergnügen noch nicht, denn es steht noch der fabelhafte Col de Sainte-Marie an. Seit hinter Sainte-Marie-aux-Mines ein Tunnel den Pass ergänzt, hat man letzteren nicht nur zu Ferienzeiten häufig ganz für sich allein. Auf den letzten Kilometern zurück nach Obernai sind zwar keine Höhenmeter mehr zu machen, geradeaus geht es allerdings auch nicht. Das können die Elsässer Straßenbauer offenbar nicht. Zu unserem Glück! ◂

TOUREN-STECKBRIEF

STRECKENLÄNGE
ca. 351 km

DAUER
Tagestour

HIGHLIGHTS
Col du Ballon d'Alsace, Col du Hundsruck, Route de Crêtes mit Col du Grand Ballon, Col d'Hahnenbrunnen, Col de la Schlucht, Col du Bonhomme. Und zum Abschluss noch der Col de Sainte-Marie.

CHARAKTER
Langeweile dürfte auf dieser Tour nicht nur angesichts der Länge, sondern vor allem aufgrund der stattlichen Anzahl an formidablen Mittelgebirgspässen keine aufkommen.

Burgen-Tour

Tour 2

Von Obernai geht es nordwärts in Richtung Berge. Das Ziel heißt Molsheim und ist eine Pilgerstätte für Anbeter genialer Automobilkonstruktionen. Den Duft der automobilen Luxuswelt kann man in den Gassen förmlich erahnen. Die Berühmtheit des alten Städtchens ist dem italienischen Konstrukteur Ettore Bugatti zu verdanken. Er baute ab 1909 faszinierende Fahrzeuge. Von den knapp 8 000 bis zur Werksschließung 1947 produzierten Fahrzeugen sind heute noch über 2 000 erhalten.

Auch die modernen Nachfolger der heute unter VW-Regie agierenden Marke werden in Molsheim handgefertigt und dort Kunden aus aller Welt übergeben. Die Fahrzeuge des Ettore Bugatti waren von legendärem Ruf und nach dem Produktionsende erst recht heiß begehrt. Als bekannteste Bugatti-Sammler gelten die Textilfabrikanten Fritz und Hans Schlumpf, die in Mulhouse zwischen 1958 und 1975 eine große Anzahl der Wagen sammelten. Aus der Fabrik, in der sie letztendlich 123 Bugatti aufbewahrten, wurde das „Cité de l'Automobile – Musée National – Collection Schlumpf". Mit einer Ausstellungsfläche von 25 000 Quadratmetern gilt es als das größte Automobilmuseum der Welt.

Durch das Tal der Bruche

Anschließend biegt man in Molsheim gen Westen ab und schlängelt sich durch das lang gestreckte Tal der Bruche. Der Region sieht man an, dass sie mit dem deutschen Schwarzwald ver-

Das prächtige Bugatti-Museum in Molsheim.

wandt sein muss. Es geht durch waldreiche Regionen, deren Dörfer von Forstwirtschaft geprägt sind. Auch das nächste Tal wird von einem Fluss geprägt: der Hasel. Entlang der malerischen Landschaft schraubt man sich gen Norden und erreicht in Oberhaslach den Einstieg zum Col de Pandour. Dies kleine Vogesenpass bietet eine kurvenreiche Passage und führt bis auf 662 Meter hinauf, um anschließend in Wangenbourg-Engenthal auszulaufen. Die Stadt ist eine der ältesten im ganzen Elsass und kann mit der Wangenburg, einer eindrucksvollen Burgruine aus dem 13. Jahrhundert, aufwarten.

In Wangenbourg-Engenthal wartet aber nicht nur Kultur, sondern mit dem Col de Valsberg auch schon das nächste Passvergnügen. Als D45 ausgewiesen, bietet er auf griffigem Belag eine schöne Kombination aus Kurven und Geraden. In Dabo angekommen kann mit der Dagsburg eine weitere Ruine bewundert werden. Diese thront oberhalb des Ortes durchaus imposant auf einem 664 Meter hohen Felsen.

Schloss Wagenbourg an der Elsässischen Weinstraße.

Geschütztes Tal

Bei der Weiterfahrt in Richtung Norden erreicht man wenig später die Stadt Lutzelbourg. Sie befindet sich im französischen Département Moselle und hält mit der Lützelburg eine der bedeutendsten stauferzeitlichen Burgruinen im früher lothringischen Teil der Vogesen als Attraktion bereit. Erbaut im 11. Jahrhundert schützte sie über Jahrhunderte das Tal der Zorn, über dem sie thront.

Mit Phalsbourg ist der nördlichste Punkt dieser Route erreicht. Der Ort grenzt an den Parc Naturel Régional des Vosges du Nord. Die folgenden Kilometer führen in westlicher Richtung an Zabern vorbei. In Hochfelden heißt es, nach Süden zu lenken, um zur Hauptstadt des Elsass zu gelangen. Wie auch viele andere Großstädte Europas besitzt Straßburg ein weltweit anerkanntes historisches Kulturerbe, allen voran die Altstadtinsel oder „Grande Île", die zum UNESCO-Weltkulturerbe zählt. Dort thront mit dem Straßburger Münster ist eine der bedeutendsten Kathedralen der Welt. Ihre Westfassade und der 142 Meter

Das malerische Munster zählt zu den Perlen im Elsass.

hohe Turm sehen aus wie aus Stein gehäkelt. Die gewaltige Kirche beherrscht nicht nur den Münsterplatz, sondern die gesamte Grande Ile.

Erfinder des Buchdrucks

Allerdings ist der Verkehrsfluss in Straßburg positiv ausgedrückt als eher zäh zu beschreiben. Es empfiehlt sich daher, das Motorrad abzustellen, um den Trubel der City zu Fuß auf sich wirken zu lassen. Nicht weit vom Straßburger Münster steht die Statue eines Mannes, der für die Stadt und die Reformation von Bedeutung war: Johannes Gutenberg, der Erfinder des Buchdrucks. Während seiner Straßburger Zeit arbeitete an einer Druckpresse und machte die Stadt zu einem der frühen und bedeutenden Zentren der mechanischen Vervielfältigung. Ohne diese hätten sich die reformatorischen Lehren nie in diesem Tempo über ganz Europa verbreiten können.

Der Anteil an Luthers Schriften, die in Straßburg gedruckt wurden, betrug bis zu 50 Prozent der Gesamtproduktion. Es ist daher nicht verwunderlich, dass die Gedanken des Reformators in Straßburg früh Fuß fassten. Bis heute ist die Stadt im katholischen Frankreich ein wesentlicher Ort des Protestantismus.

Zurück im Motorradsattel ist der Rhein ein Stückchen Wegbegleiter und führt zur Ile du Rohrschollen, der Rheininsel. Hier erlebt man eine Welt für sich, denn es handelt sich um einen an einen Dschungel erinnerndes Naturschutzgebiet. Die Rheinauen auf der Rheininsel wurden 2010 aufwendig renaturiert. Bevor man sich auf den Rückweg nach Obernai macht, sollte man hier zumindest einen kleinen Spaziergang einplanen. ◂

TOUREN-STECKBRIEF

STRECKENLÄNGE
ca. 185 km

DAUER
Halbtages- bis Tagestour

HIGHLIGHTS
Die Burgruinen von Wagenbourg, Dagsburg und Lutzelbourg, die Pässe Col de Pandou und Col de Valsberg, Straßburg und die Rheininsel.

CHARAKTER
Diese Tour bietet auch Anfängern kaum Schwierigkeiten, die Straßen sind überall gut ausgebaut und auch die beiden Pässe gehören in die Kategorie „einfach zu Fahren“.

Heilig's Bergle

Der erste Halt dieser Tour ist der wohl grausamsten Zeit der deutschen Geschichte gewidmet. Nur wenige Kilometer westlich von Obernai sei der Besuch des ehemaligen Konzentrationslagers Natzweiler-Struthof ans Herz gelegt. Zwischen 1941 und 1944 waren hier rund 52 000 Menschen inhaftiert. Etwa die Hälfte überlebte die Abscheulichkeiten nicht. Das Gelände ist heute Gedenkstätte und steht seit 2011 unter Denkmalschutz.

In Richtung Norden

Was gibt es Besseres, um den Kopf freizubekommen, als – richtig: Motorradfahren. Also hüpft man wieder in den Sattel und lenkt in Richtung Norden, um den heiligen Berg des Elsass zu begrüßen. Der Donon-Gebirgsstock bildet mit seiner Höhe von 1009 Metern den höchsten Punkt der unteren Vogesen – und das Grenzgebiet der Provinzen Elsass und Lothringen.

Blick auf den Col de la Schlucht.

Hinauf kommt man über den kleinen, aber feinen Col du Donon, der nach Abreschviller führt. Hier ist gleichsam der nördlichste Punkt dieser Tour erreicht. Von hier aus geht es

Pilgerstätte Kloster Odile auf dem Mont Saint Odile (linke Seite) und die Gedenkstätte des ehemaligen KZ Natzweiler-Struthof (links).

TOUREN-STECKBRIEF

STRECKENLÄNGE
ca. 203 km

DAUER
Halbtagestour

HIGHLIGHTS
KZ Struthof Natzweiler, Mont Saint Odile, Col de la Chapelotte, Col du Las, Col de la Charboniere.

CHARAKTER
Eine kurzweilige Tour, die über kleine, eher unbekannte Pässe in den Vogesen führt.

weiter nach Süden und geradewegs zum Col de la Chapelotte. Ein Halt lohnt sich an der kleinen Marienkapelle an dem nur 447 Meter hohen Scheitel.

Kurz hinter Raon-l'Étape will dann schon der nächste Pass erkundet werden: Col du Las. Er ist eine schöne Alternative zum ungleich bekannteren Col du Hantz, der nördlich von ihm verläuft. In hübschen Bourg-Bruche kann man kurz verschnaufen, bevor es weiter auf den Col de la Charboniere geht. Nicht weit von ihm entfernt führen kleine, enge Straßen zum Mont-Saint Odile hinauf.

Schutzpatronin Odile

766 Meter über Null befindet sich dort das ehemalige Kloster Odile, eine Gründung der bereits 720 verstorbenen Heiligen Odile, der Schutzpatronin des Elsass. Noch heute ist es ein katholischer Wallfahrtsort. Ein kleiner Spaziergang sollte hier eingeplant werden. Nicht nur das Grab der Heiligen, sondern auch die Träne, die Engelskapelle und vor allem die Quelle, der heilende Kräfte zugesprochen werden, sollten besichtigt werden. Außerdem lässt sich von hier aus ein weiter Blick über die Region genießen, bevor es zurück nach Obernai geht. ◂

Wald so weit das Auge reicht, gibt es als Panorama vom Mont Saint Odile.

HOTEL INFOS

UNSER BASISLAGER

Im Herzen des mittelalterlichen Städtchens Obernai, direkt an der elsässischen Weinstraße gelegen, kann man in einem ehemaligen Herrenhaus bestens entspannen. Ursprünglich war es die Residenz der Barone von Gail. Das Hotel liegt eine halbe Stunde von Straßburg entfernt. Von der Autobahn A35 erreicht man es in nicht einmal zehn Minuten.

Durch ein breites Portal mit schmiedeeisernen Türen betritt man die Welt des Cour d'Alsace, das von Sichtbalken, Fachwerk und Kunstwerken geprägt ist. Kulinarisch kann man sich im Cour d'Alsace in gleich zwei Restaurants verwöhnen lassen. Traditionell geht es in der Weinstube „Le Caveau de Gail" zu. Auf gehobenere Speisen freut man sich im Feinschmeckerrestaurant „Le Jardin des Remparts".

SPEZIELL FÜR MOTORRADFAHRER

Das Hotel bietet eine sehr schöne Außenterrasse und einen kleinen, aber feinen Wellnessbereich mit Innenpool, Sauna und Dampfbad. Die 53 Zimmer sind elegant eingerichtet und verfügen über

eine Minibar, ein Badezimmer mit Dusche oder Badewanne und ein Flachbild-TV. Motorradreisenden steht ein überdachter Parkplatz ebenso wie ein Trockenraum zur Verfügung. Lunchpakete sind auf Anfrage erhältlich, passende Tourentipps natürlich auch.

Wellness gibt es auch: Als „Special für Zwei" ist eine Übernachtung mit Frühstück und zwei Massagen für 309 Euro buchbar.

HOTEL

A la Cour d'Alsace
3, rue de Gail, F-67210 Obernai
T +33 3 88 95 07 00
info@cour-alsace.com
www.cour-alsace.com
GPS 48.46137, 7.479620

Bern

Verkannter **Landstrich**

Die Region Franche-Comté haben die wenigsten Motorrad-Reisenden auf ihrer Tourenagenda. Das ist aber eindeutig ein Fehler, denn Frankreich hat so viel mehr zu bieten als Alpen, Pyrenäen und Côte d'Azur. Das Jura etwa. In der Franche-Comté entdecken Genießer feinste Strecken, spannende Kultur- und Industriegeschichte sowie ein Füllhorn kulinarischer Gaumenfreuden.

Da sich die Gewässer oft tief ins poröse Gestein gebuddelt haben, dürfen Motorradfahrer die Franche-Comté kurvenreich „erfahren".

HOTEL
MONTBÉLIARD
GRAY
BESANÇON
Baume-les-Dames
Clerval
Ornans
Quingey
Salins-les-Bains
Arbois
Poligny
Levier
Champagnole
Lons-le-Saunier
Conliège
Doucier
Clairvaux-les-Lacs
Orgelet
St-Laurent-en-Grandvaux
Morbier
Morez
St-Claude
Maîche
Morteau
Pierrefontaine-les-Varans
LA CHAUX-DE-FONDS
LE LOCLE
Villers-le-Lac
YVERDON-LES-BAINS
Vallorbe
Orbe
Sainte-Croix
LAUSANNE
RENENS
PRILLY
PULLY
MORGES
Rolle
NYON
Gland
Divonne-les-Bains
Gex
Versoix
THONON-les-Bains
Évian-les-Bains
VEVEY
MONTREUX
Neuenburger See
Lac Léman
Genfer See
Forêt de Chaux
Rochefort-s-Nenon

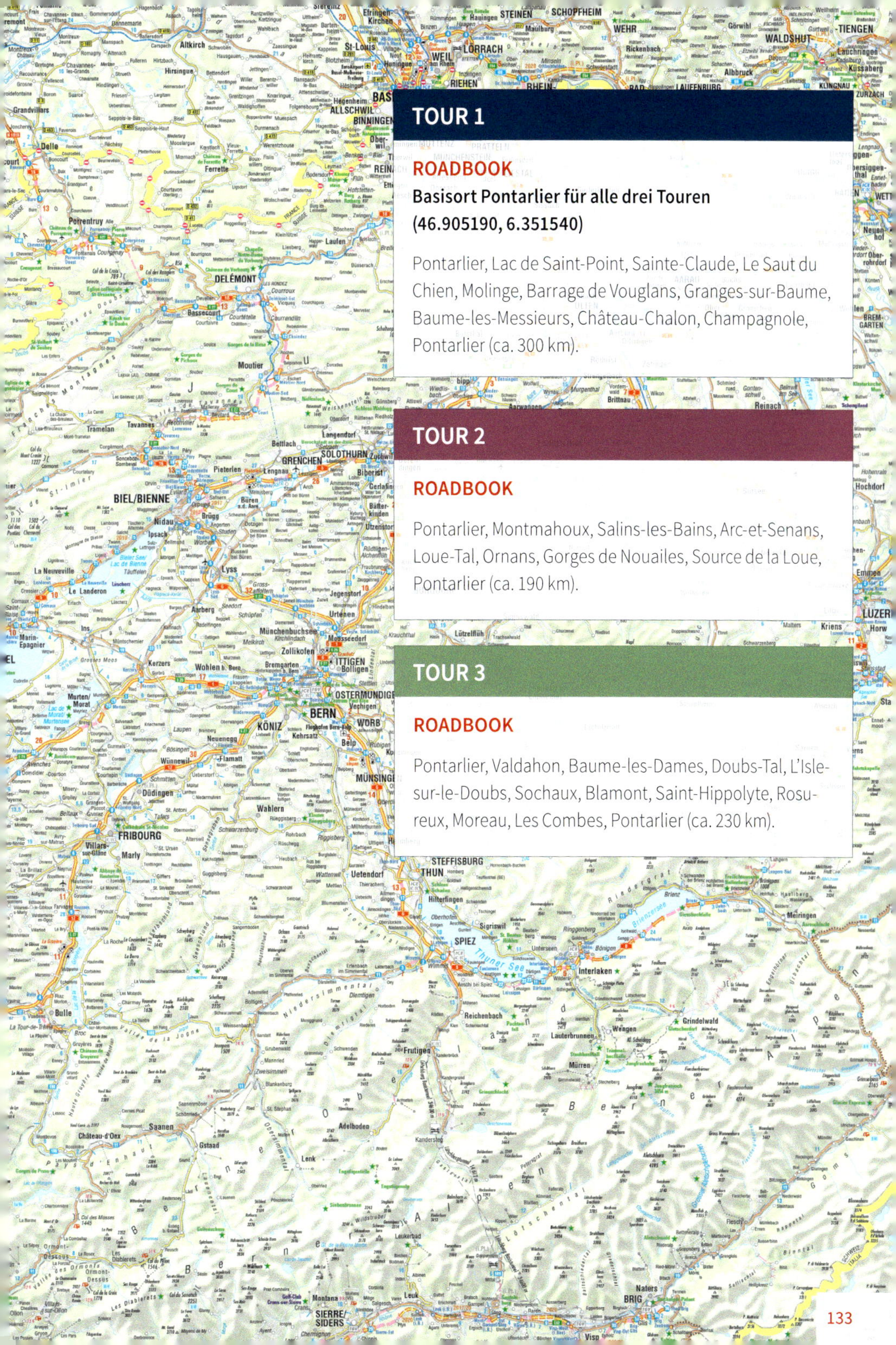

TOUR 1

ROADBOOK

Basisort Pontarlier für alle drei Touren (46.905190, 6.351540)

Pontarlier, Lac de Saint-Point, Sainte-Claude, Le Saut du Chien, Molinge, Barrage de Vouglans, Granges-sur-Baume, Baume-les-Messieurs, Château-Chalon, Champagnole, Pontarlier (ca. 300 km).

TOUR 2

ROADBOOK

Pontarlier, Montmahoux, Salins-les-Bains, Arc-et-Senans, Loue-Tal, Ornans, Gorges de Nouailes, Source de la Loue, Pontarlier (ca. 190 km).

TOUR 3

ROADBOOK

Pontarlier, Valdahon, Baume-les-Dames, Doubs-Tal, L'Isle-sur-le-Doubs, Sochaux, Blamont, Saint-Hippolyte, Rosureux, Moreau, Les Combes, Pontarlier (ca. 230 km).

Tour 1 Karst und Absinth

Pontarlier ist das wirtschaftliche Zentrum im südlichen Jura und vor allem für seine Absinth-Produktion berühmt. Aufgrund seiner Färbung erhielt das auf Wermut, Anis und Fenchel basierende Getränk, das ursprünglich aus den angrenzenden Schweizer Juragebieten stammte, den Beinamen „La fée verte". Ende des 19. Jahrhunderts galt es unter Literaten und Künstlern als „In"-Getränk. Der hohe Konsum führte zu zahlreichen Exzessen, die man fälschlicherweise dem im ätherischen Öl des Wermuts enthaltenen Thujon zuwies. In Wirklichkeit war es wohl minderwertiger Alkohol, der die negativen Auswirkungen zeitigte.

Zu den Leckerbissen der Franche-Comté zählen die Flumen-Schlucht (oben) und Absinth (unten).

Verdünntes Destillat

Dennoch wurde die Absinth-Produktion in Europa und den USA 1915 verboten. Erst neuere wissenschaftliche Erkenntnisse sorgten 1998 für eine Legalisierung des nur verdünnt wirklich genießbaren Destillats. Seither wird auch in Pontarlier wieder gebrannt – vor allem in der Destillerie Pierre Guy, die schon vor dem Verbot eine der führenden Absinth-Marken war. Im eigenen wie auch im städtischen Absinth-Museum lässt sich viel Wissenswertes über die Geschichte des einst so verteufelten Brandes lernen. Um nicht als kriminell eingestuft zu werden, sollte man die Verkostung vor Ort natürlich dankend ablehnen. Alternativ kann aber eine Flasche des hochprozentigen Destillats in den Motorradkoffer verstaut werden.

An den steilen Karstabbrüchen schmiegt sich Baume-les-Messieurs an.

Auf kleinen Straßen geht es auf dieser ersten Tour in den Süden der Franche-Comté, der sich unweit der Schweizer Grenze befindet. Vorbei am Lac de Saint-Point, dem drittgrößten Natursee Frankreichs, rollt man mitten hinein in den regionalen Naturpark Haut-Jura. Hier kann man sich schwindelig fahren, bevor sich mit dem Barrage de Vouglans ein See in den Weg staut – der zweitgrößten seiner Art in ganz Frankreich immerhin.

Nördlich von ihm bringen einen abermals feine, kleine Straßen zu einem der schönsten Orte in der ganzen Region: Baume-les-Messieurs. Bevor man diesen über eine spektakuläre Zufahrt erreichten, sollte man sich aber zunächst einen Blick auf seine einmalige Lage gönnen – und zwar von oben. Granges-sur-Baume liegt dazu perfekt an der Kante eines der vielen Karstfelsen, die gleich zwei Schluchten nach Baume flankieren. Gut 100 Meter steigen die Wände hier steil in den Himmel. Im Talkessel hat sich der Ort um eine Abtei aus dem Jahre 909 her-

Der Ausblick ins Tal lässt Vorfreude aufkommen.

Der Stausee Barrage de Vouglans im regionalen Naturpark Haut-Jura.

um ausgebildet, die wiederum auf den Grundmauern eines Klosters aus dem sechsten Jahrhundert einen soliden Stand hat.

Solche Traumblicke machen hungrig. Die örtliche Käserei, Fromagerie Poulet, hat Abhilfe zur Hand. Das passende Brot zieht man sich aus einem Baguett-o-mat vor dem Ladenlokal! Ohne Witz: Hier kann man einen Euro einwerfen und ein am selben Tag frisch gebackenes Brot erstehen. Wenn es ums Essen geht, haben es die Franzosen eben drauf …

Wunderbares Kleinod

Auf grandiosen Motorradstraßen geht es weiter nach Château-Chalon, einem weiteren wunderbaren Kleinod. Das Dorf thront majestätisch auf einem Felsvorsprung des Juraplateaus. Das darunter liegende Tal heißt ebenfalls Château-Chalon und ist ein wichtiges Weinanbaugebiet der Region.

Die Tour schwenkt von hier aus zurück gen Westen und hat mit Champagnole noch einen hübschen Halt zu bieten, bevor es zurück nach Pontarlier geht. Am Fuße des Berges Rivel liegt der Ort auf einer Höhe von 540 Metern und ist von dichten Wäldern umgeben. Ein Spaziergang durch das Zentrum sollte eingeplant werden. Sowohl das 1830 im neoklassizistischen Stil erbaute Rathaus als auch die Pfarrkirche Saint-Cyr-et-Sainte-Julitte können optisch überzeugen. ◂

TOUREN-STECKBRIEF

STRECKENLÄNGE
ca. 300 km

DAUER
Tagestour

HIGHLIGHTS
Anis Museum in Pontarlier, Lac de Saint-Point, der drittgrößten Natursee Frankreichs, Naturpark Haut-Jura, Blick auf Baume-les-Messieurs, Weingebiet rund um Château-Chalon und Champagnole, die „Perle des Jura".

CHARAKTER
Die Tour verläuft auf den touristischen Themenstraßen Absinth-Straße und Weinstraße und kann mit sehenswerten Dörfern begeistern. Vor allem im Naturpark Haut-Jura kommt Fahrspaß pur auf.

Poröses Land

Tour 2

Die zweite Tour durch Franche-Comté führt von Pontarlier aus gen Osten in den westlichen Teil des Jura. Zunächst passiert man das charmante Dorf Montmahoux und den namensgebenden Mont Mahoux, dessen 827 Meter hohe Gipfel mit einem weithin sichtbaren Kreuz markiert ist. Dann will auch schon ein UNESCO-Weltkulturerbe bestaunt werden. Die Rede ist von der königlichen Saline in Arc-et-Senans.

Stilvol nächtigen

Wo einst in einem architektonisch einzigartigen Gemäuer bei Knochenjobs unter schwersten Bedingungen Salz aus der im nahe gelegenen Bergwerk von Salins-les-Bains geschürften Sole extrahiert wurde, kann man heute schlicht, aber stilvoll nächtigen. Wer dies nicht möchte, sollte sich zumindest per deutschsprachigem Audioguide in die Historie einführen lassen. Louis XVI. hatte die Saline beim Architekten Claude-Nicolas Ledoux in Auftrag gegeben. Die Arbeiten begannen

Vom Bergwerk Salins-les-Bains (unten) geht es weiter nach Lods im Loue-Tal (oben).

Einst eine königliche Saline, heute UNESCO-Weltkulturerbe: Arc-et-Senans.

1775, Fertigstellung war 1779. Bis 1895 blieb die Saline in Betrieb. Dann wurde sie aufgegeben, anderweitig genutzt und drohte schließlich zu verfallen, bis sie 1920 unter Denkmalschutz gestellt und nach dem Zweiten Weltkrieg weitgehend wieder hergestellt wurde.

Heute beherbergt sie neben der Unterkunftsmöglichkeit ein Museum zur Geschichte der Salzgewinnung sowie ein überaus spannendes architektonisches Forschungszentrum rund um die Pläne und Ideen seines Erbauers.

Der Ursprung der angelieferten Sole findet sich einige Kilometer nordwestlich in der Stadt Salines-les-Bains. Wie sein Name vermuten lässt, lebte der Ort eine ganze Zeit lang vom Salz. Hier wurde das „weiße Gold" in unterirdischen Stollen abgebaut und dann über ein ausgeklügeltes Kanalsystem nach Arc-et-Senans verbracht. Die Stollen kann man heutzutage besichtigen. Zusätzlich dienen sie dem jetzt als Kurort aufgestellten Saline (daher der Namenszusatz „les-Bains") als gigantischer Therapieraum, vor allem für die hier behandelten Atemwegserkrankungen.

TOUREN-STECKBRIEF

STRECKENLÄNGE
ca. 190 km

DAUER
Halbtages- bis Tagestour

HIGHLIGHTS
Die königliche Saline in Arc-et-Senans, der Kurort Salins-les-Bains, Landschaften des Loue-Tals und die Quelle des namensgebenden Flusses.

CHARAKTER
Die Straßen im Loue-Tals sind ein echtes Motorrad-Kurvenparadies. Doch wer sich mehr Zeit nimmt, genießt umso mehr.

Herrliches Kurvenparadies

Zurück im Motorradsattel führt die Tour weiter ins Loue-Tal. Die Straßen entlang des namensgebenden Flusses erweisen sich als herrliches Kurvenparadies. Das Städtchen Ornans sollte unbedingt besichtigt werden. Die Loue hat sich hier tief in das Kalkgestein gefressen. Weit oben über dem Ort thront über senkrecht abfallenden Felsen ein kleines Schloss. Ein paar Kehren, und man ist oben. Unten am Fluss dagegen stehen die Häuser des Ortes am Ufer Spalier. Eines davon ist das Geburtshaus von Gustave Courbet, einem wichtigen Vertreter des französischen Realismus. In ihm ist heute das Musée Courbet untergebracht.

Das Asphaltband, das sich entlang des Flusses durch das Tal schwingt, ist wie geschaffen für die wendige Maschine. Höhepunkt sind die Gorges de Nouailles, wo die Straße sich eng an die senkrechten Felsen schmiegt und auf das Plateau hinaufführt. Hier ist von der atemberaubenden Kulisse des Loue-Tals nichts mehr zu sehen, denn zwischen den Häusern von Ouhans zweigt ein Sträßlein ab, das durch dichten Wald zur Source de la Loue – und damit zum Ursprung der Loue führt. Oder zumindest fast.

Spektakulärer Auftritt

Vom oberhalb gelegenen Parkplatz ist man eine gute Viertelstunde zu Fuß unterwegs. In einer Kaskade tritt das Wasser aus der Unterwelt hervor, um wenige Augenblicke später über einige weitere Terrassen nach unten zu verschwinden. Ein spektakulärer Auftritt, denn fast 7 000 Liter suchen sich pro Sekunde den Weg ins Freie. Da ist es nur wenig verwunderlich, dass das Wasser eine tiefe Kerbe in der porösen Landschaft hinterlassen hat. Es erklärt auch, warum an vielen Stellen des französischen Jura Höhlen zu finden sind. Jeder Regentropfen, der im Boden der Kalkplateaus verschwindet, taucht an tiefer gelegenen Stellen irgendwann irgendwo wieder auf

Aber ist die „Source de la Loue" tatsächlich eine Quelle im herkömmlichen Sinn? Als 1901 in Pontarlier eine Absinth-Brennerei abbrannte, ergossen sich eine Million Liter des Brandes in den Doubs-Fluss. Der wiederum versickert teilweise in der Nähe des Ortes. Niemand wusste bis dahin, was mit den Wassermassen geschah, die der Fluss in den Grund abgab. Doch wenige Tage später roch es am Loue stark nach Anis, einem Hauptbestandteil von Absinth. Untersuchungen des Flusses bestätigten die daraufhin getätigte Vermutung, dass das Wasser des Doubs die Loue speist. Und die wiederum ergießt sich nur knappe 120 Kilometer weiter westlich im Burgund wieder in den Doubs, der so sein „verlorenes Wasser" zurückbekommt.

Die Fahrt vorbei an der Quelle der Loue zählt zu den feinsten Motorraderlebnissen in der Region Franche-Comté.

Wie auch immer man es nennen mag, ein Spektakel bleibt die Quelle samt ihrer grandiosen Umgebung in jedem Fall. Da sich das Gewässer nicht nur tief in den Fels eingegraben hat, sondern einem windungsreichen Weg des geringsten Widerstands folgte, ist der Straßenverlauf, der sich an die Hangformationen hält, entsprechend grandios. ◂

Tour 3 Im Doubs-Tal

Die dritte Tour durch Franche-Comté führt von Pontarlier schnurstracks, dabei aber allerdings alles andere als gerade in Richtung Norden in das Tal der Doubs hinein. Der Fluss, der aus einer Karstquelle im Jura entspringt, weist eine große Besonderheit auf. Obwohl rund 450 Kilometer lang, liegen zwischen seiner Quelle im Karst und der Mündung in die Saône südlich von Dijon nur 90 Kilometer. Auf seinem Weg wird er zum Grenzfluss zur Schweiz, um dann in hohem Bogen über Besançon die Fließrichtung zu wechseln und der Region Franche-Comté damit endgültig seinen Stempel aufzudrücken.

Der Fluss Doubs zeigt sich an vielen Stellen mächtig.

Grandiose Schleifen

Bei Baume-les-Dames zeigt sich der Fluss, der hier schon westwärts Richtung Rhône unterwegs ist, besonders mächtig. Folgt man dem Flusslauf, der an gleich mehreren Stellen grandiose Schleifen macht, in östlicher Richtung, erreicht man automatisch L'Isle-sur-le-Doubs. Optisch wird das Dorf nicht nur von den Ausläufern des Jura-Höhenzuges, sondern von den zwei sich hier ausbreitenden Flussarmen, die eine längliche Insel bilden, dominiert. Das erklärt auch den Namen.

In Sochaux, einem Vorort von Montbèliard, ist der nördlichste Punkt dieser Tour erreicht und ein Halt im dortigen Peugeot-Museum Pflichtprogramm. Im ehemaligen Fabrikgebäude ist mächtig Art Deco aufgefahren. Der verspielte Kunststil passt hervorragend zur Geschichte des Unternehmens, das schon immer weit mehr als nur Automobile produzierte.

Haushaltshelfer aller Art

Ausgangspunkt der Firmengeschichte waren vielmehr Haushaltshelfer aller Art: Nähmaschinen, Küchenwerkzeuge und vieles mehr. Noch heute sind die seit 1842 gefertigten Gewürzmühlen bekannt und beliebt. Sie zieren zahllose Tische in Privathäusern wie Restaurants. Also sind sie auch ein wesentlicher Bestandteil der Museums-Boutique. Ab 1891 wurden Automobile gebaut – was Peugeot zu einer

TOUREN-STECKBRIEF

STRECKENLÄNGE
ca. 230 km

DAUER
Tagestour

HIGHLIGHTS
Fahrerisch begeistern die tollen Straßen, Pflichtprogramm ist der Besuch im Peugeot-Museum.

CHARAKTER
Ein Großteil der Tour wird von den Windungen des stellenweise mächtigen Flusses Doubs bestimmt. Dass die Straßen alles andere als Gerade verlaufen, sollte daher logisch sein.

In Sochaux erwartet das Museum Peugeot Besucher.

Die eindrucksvolle Grotte Notre-Dame de Remonot in Les Combes.

der ältesten noch existierenden Automarken der Welt macht.

Das Werk in Sochaux entstand 1912. Zunächst verließen vor allem Nutzfahrzeuge die imposanten Hallen im Stadtzentrum, doch schon 1925 wurde es zum Hauptsitz der Pkw-Produktion. Was also lag näher, als in dem zu Beginn der 1980er Jahre geschlossenen Ensemble das Werksmuseum zu errichten. 1988 öffnete es seine Pforten und hat seither mehr als zwei Millionen Besucher empfangen dürfen. Leider wird das Museum der Bedeutung der Zweiräder mit dem Löwen-Signet nicht ganz gerecht.

Spannende Höhlenkirche

Auf der Rückfahrt nach Pontarlier sollte dann auch noch ein Zwischenstopp im hübschen Saint-Hippolyte und an der Grotte Notre-Dame de Remonot in Les Combes eingeplant werden. Diese Höhlenkirche existiert schon mindestens seit dem 12. Jahrhundert und wurde später zu einem beliebten Pilgerziel. Den aus den Felswänden tropfenden Gewässern wird heilende Wirkung zugesprochen. ◂

Pause im hübschen Dorf Saint-Hippolyte.

HOTEL INFOS

UNSER BASISLAGER

Das Hotel Saint Pierre ist zentral in Pontarlier gelegen und bietet sich daher als Basishotel für alle drei Touren durch die Franche-Comté geradezu an. Natürlich ist es aber nicht nur die Lage, die es so empfehlenswert machen.

So schlicht das Äußere des Hauses auch daherkommen mag, im Inneren begeistert es mit seiner modernen Einrichtung. Das Hotel wurde erst vor kurzem komplett renoviert und bietet nun moderndes und schickes, aber kein überkandideltes Design. Die Zimmer und Suiten sind alle unterschiedlich eingerichtet, was den besonderen Flair noch verstärkt. Sie sind jeweils mit Bad oder Dusche, Fernseher, Telefon und WLAN ausgestattet.

Auch kulinarisch kommen motorradreisende Gäste im Saint Pierre auf ihre Kosten. Morgens steht ein – nicht nur für französische Verhälnisse – üppiges Frühstücksbuffet bereit. Im hauseigenen Restaurant werden dann am Abend traditionelle französische Küche und regionale Spezialitäten serviert. Sowohl die Bar als auch die Brasserie haben den ganzen Tag geöffnet. Bei gutem Wetter genießt man sein Stiefelbier auf der großen Sonnenterrasse – mit Blick auf Saint Pierre, das Stadttor und Wahrzeichen von Pontarlier.

SPEZIELL FÜR MOTORRADFAHRER

Das Hotel Saint Pierre bietet zwölf Zimmer und drei Suiten. Für die kulinarischen Genüsse ist ein hauseigenes Restaurant vorhanden. Kostenlose Parkplätze stehen direkt vor der Türe bereit.

HOTEL

Hotel Saint Pierre
3, place Saint Pierre; F-25300 Pontarlier
T. +33 3 81 46 50 80
www.hotel-st-pierre-pontarlier.fr
GPS 46.905190, 6.351540

Luxemburg

Großherzoglicher **Nachbar**

Klein, aber fein: Genau so muss das Großherzogtum Luxemburg beschrieben werden. Auf erstaunlich wenig Fläche – das Land ist etwa drei Mal so groß wie Berlin – werden immens tolle Motorradstrecken geboten. Aufgrund der geologischen Gegebenheiten findet man in Luxemburg eine Vielfalt von unterschiedlichen Landschaften auf kleinem Raum: waldreiche Schluchten in den Luxemburger Ardennen, bizarre Felslandschaften im Mullerthal – der kleinen Luxemburger Schweiz – und idyllische Weinberge an der Luxemburger Mosel. Mit drei Nominierungen auf der UNESCO-Welterbeliste und oftmals mehr als tausend Jahre alten Dörfern bietet das Großherzogtum zudem ein Füllhorn an touristischen Sehenswürdigkeiten.

Kleine, feine Straßen ziehen sich durch das Großherzogtum.

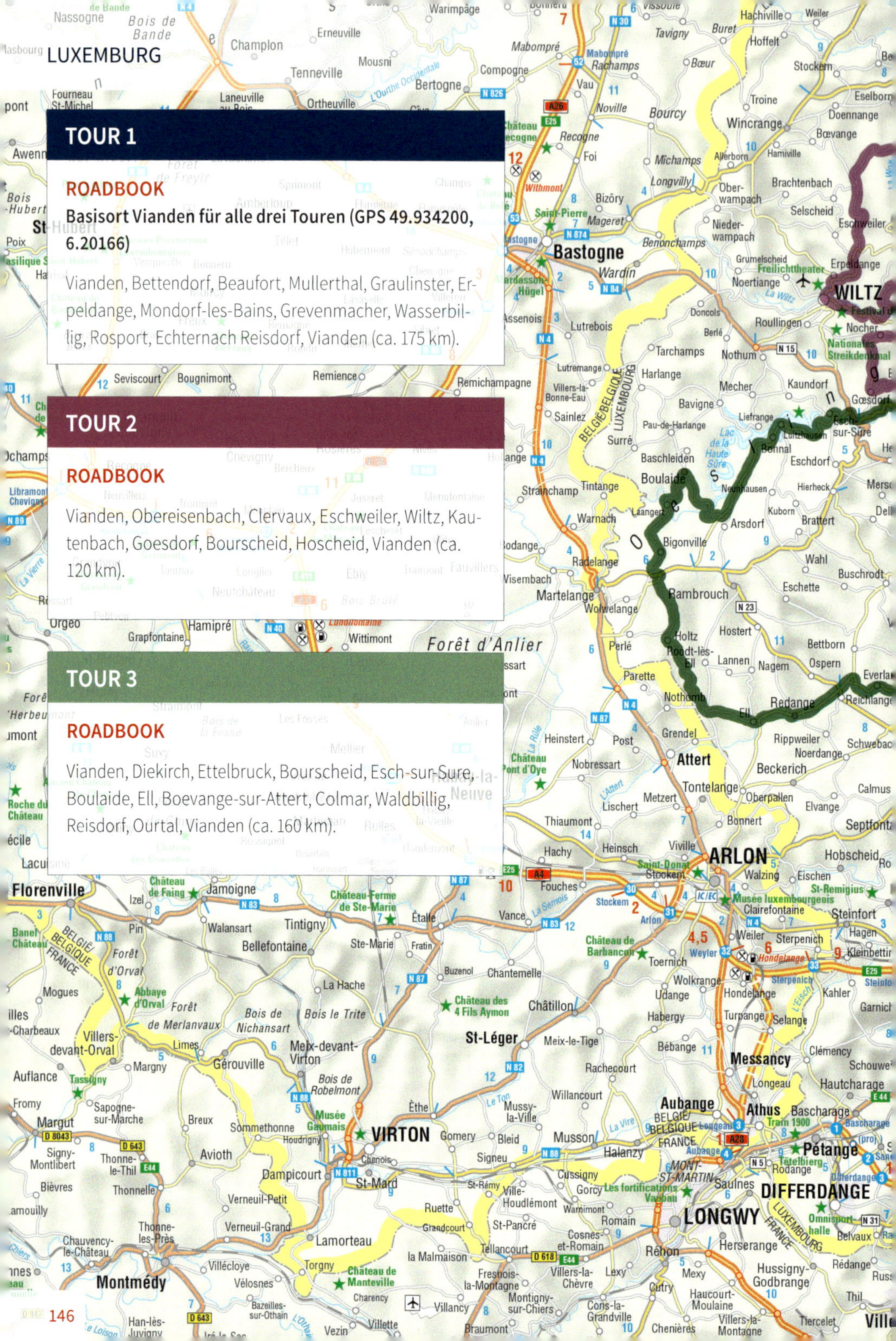

TOUR 1

ROADBOOK

Basisort Vianden für alle drei Touren (GPS 49.934200, 6.20166)

Vianden, Bettendorf, Beaufort, Mullerthal, Graulinster, Erpeldange, Mondorf-les-Bains, Grevenmacher, Wasserbillig, Rosport, Echternach Reisdorf, Vianden (ca. 175 km).

TOUR 2

ROADBOOK

Vianden, Obereisenbach, Clervaux, Eschweiler, Wiltz, Kautenbach, Goesdorf, Bourscheid, Hoscheid, Vianden (ca. 120 km).

TOUR 3

ROADBOOK

Vianden, Diekirch, Ettelbruck, Bourscheid, Esch-sur-Sure, Boulaide, Ell, Boevange-sur-Attert, Colmar, Waldbillig, Reisdorf, Ourtal, Vianden (ca. 160 km).

Luxemburgischer Naturpark
Deutsch-Luxemburgischer Naturpark
Viaden
HOTEL
Château de Vianden
Victor Hugo Haus
Bettendorf
DIEKIRCH
ETTELBRUCK
Larochette
Consdorf
Berdorf
Beaufort
Petite Suisse Luxembourgeoise
ECHTERNACH
BITBURG
Zemmer
Welschbillig
Trierweiler
TRIER
KONZ
Wasserbillig
Mertert
GREVENMACHER
Flaxweiler
Junglinster
Mersch
Walferdange
LUXEMBOURG
Hesperange
Schuttrange
Wormeldange
Remich
Schloss Bübingen
Saarburg
METTLACH
Mondorf
Remerschen
Schengen
Perl
Sierck-les-Bains
Bettembourg
DUDELANGE
Esch-sur-Alzette
Mamer
Capellen
Dippach
Neuerburg
Irrel
Kordel
DEUTSCHLAND
LUXEMBURG

Wiege Europas

Zu Füßen der imposanten Burg liegt mit dem mittelalterliche Städtchen Vianden der Ausgangspunkt aller drei Touren. Egal, von welcher Seite man anfährt, das mächtige Gebäude überragt die Landschaft und ist zudem eine Augenweide. Es stammt aus dem neunten Jahrhundert und gilt als eines der schönsten mittelalterlichen Schlösser westlich des Rheins. Die Reste einer ehemaligen Ringmauer mit Wachttürmen umgeben bis heute die Stadt.

Man befindet sich hier noch in den Ausläufern der belgischen Ardennen. Keine 20 Kilometer von Vianden entfernt findet man sich aber schon in einer anderen luxemburgischen Landschaft wieder: der Kleinen Luxemburger Schweiz, zumindest einen recht eindrucksvollen Teil davon. Die Felslandschaften von Schnellert und Müllerthal laden gleich zu mehreren Fotostopps ein. Gleiches gilt für das Ritterschloss von Beaufort. Bei dem Gebäude handelt es sich halb um eine mittelalterliche Burgruine, halb um ein prachtvolles Renaissance-Schloss aus dem 16. Jahrhundert.

Prächtige Weinberge

Mit Mondorf-les-Bains, auf Deutsch Bad Mondorf genannt, entert man wenig später die Luxemburger Moselregion, eine der wichtigsten Weinbauregionen des Landes. Folgerichtig wird die schmucke Kleinstadt optisch von sonnenbeschienenen Weinberghängen dominiert. Auf den anschließenden Kilometern passiert man unzählige kleine Dörfer mit zahlreichen Weinkellereien. Ein Halt lohnt sich an fast jeder Stelle, da die Betriebe nur allzu gern Besuchern auch bei spontanen Besichtigungen ihre Schätze offenbaren. Die Luxemburger Moselregion ist vor allem für ihre trockenen Weißweine und ihre hochwertigen Crémants – Schaumweine nach Champagnermethode hergestellt – bekannt.

Die mächtige Burg dominiert Vianden (linke Seite). Ein Halt in Schengen ist Pflicht (oben).

Mit Schengen ist der südlichste Punkt dieser Tour erreicht. Es ist schon erstaunlich, welche Karriere dieses kleine Winzerdorf in drei Jahrzehnten gemacht hat. Ohne das Schengener Abkommen, das auf einem Moselschiff hier am 14. Juni 1985 von fünf Mitgliedstaaten der Europä-

Blick auf Grevenmacher, die Metropole des Moseltals.

ischen Union unterzeichnet wurde, und das zur Abschaffung der Grenzkontrollen führte, würde wohl kaum jemand den Ort mit nur knapp 5 000 Einwohnern kennen.

Der kleine, bis dato völlig unbekannte und politisch unwichtige Flecken hat damit für das friedvolle Miteinander in Europa eine mehr als bedeutsame Rolle gespielt – aber auch für das unkomplizierte Reisen, das wir im Großteil Europas heute so sehr zu schätzen wissen. Daher sollte man am Europadenkmal denn auch zumindest kurz Innehalten. Ein Rundgang durch das zugehörige Europäische Museum ist wohl das I-Tüpfelchen für jeden EU-Bürger. Auf den weiteren Kilometern arbeitet man sich dann entlang der Mosel gen Norden weiter.

TOUREN-STECKBRIEF

STRECKENLÄNGE

ca. 175 km

DAUER

Tagestour

HIGHLIGHTS

Straßen der Kleinen Luxemburger Schweiz, die Luxemburger Moselregion, eine der wichtigsten Weinbauregionen des Landes, Europadenkmal in Schengen, UNESCO-Weltkulturerbe in Echternach.

CHARAKTER

Die Tour verläuft auf einer Vielzahl von kleinen Straßen, die sich bestens dazu eignen das Kurvenfahren zu trainieren. Wer hier zurecht kommt, der ist auch bereit für alpine Großtaten. Der Belag ist zumeist sehr gut, an vielen Strecken ist auch ein Unterfahrschutz an Leitplanken angebracht. Es wird überhaupt viel getan im Großherzogtum, um sicheren Fahrspaß zu gewährleisten.

Kleinod Remich

Als luxemburgische „Perle der Mosel“ gilt das bei Besuchern sehr beliebte Städtchen Remich. Es zieht sich vom westlichen Ufer des Flusses hinauf zu den Weinbergen und ist mit seinen pittoresken Straßenzügen ein wahres Kleinod. Das Panorama wird aber auch von dichten Wäldern bestimmt, die die Stadt fast wie ein Amphitheater umgeben. Fortan cruist man in nördlicher Richtung weiter am Fluss entlang und erreicht wenig später die Stadt Grevenmacher.

Die Stadt wird trotz ihrer nur knapp 5 000 Einwohner als so etwas wie die Metropole des Luxemburger Moseltals vermarktet. Geschuldet ist dies dem Erfolg des Familienunternehmens Bernard-Massard, das hier schon seit über 90 Jahren ansässig ist und als größter Hersteller von Schaumweinen im ganzen Benelux-Raum gilt. Wer keine Lust auf eine Besichtigung verspürt, schlendert stattdessen durch die Altstadt mit ihren engen Gassen, in de-

nen noch einige Überreste mittelalterlicher Befestigungswerke und sogar ein Wachturm aus dem 13. Jahrhundert erhalten geblieben sind.

Reger Grenzhandel

Mit Wasserbillig ist schließlich der östliche Zipfel dieser Tour erreicht. Hier trifft man auf die Sauer/Sûre. Auch dieses Dorf hat eine lange Geschichte vorzuweisen. So soll es schon in römischer Zeit unter dem Namen Biliacum existiert haben. Heutzutage ist es vor allem durch den regen Grenzhandel, allen voran den Tanktourismus, geprägt. Mit einem Schwenk nach Nordwesten ist über eine kleine, wieder einmal sehr viel Fahrspaß verheißende, kurvenreiche Straße dann schließlich Echternach erreicht.

Eine Erkundung der hübschen Altstadt lohnt sich, bevor es zurück nach Vianden geht. Neben dem mittelalterlichen Ambiente der verwinkelten Gassen, begeistert vor allem die Reichsabtei. Seitdem die Echternacher Springprozession im Jahre 2010 zu einem UNESCO-Weltkulturerbe erklärt wurde, kann man zudem das zugehörige Dokumentationszentrum in einem Seitenschiff der Basilika kostenlos besichtigen. ◂

Zusammenfluss von Sauer und Mosel in Wasserbillig.

Auf dem Marktplatz in Echternach kann man die Motorräder kostenlos parken.

Tour 2 Motorrad-Achterbahn

Die zweite Tour führt von Vianden aus in Luxemburgs Norden – und damit mitten hinein in die Luxemburger Ardennen. Diese liegen hier am Schnittpunkt mit der Eifel und haben nicht selten mit Regen zu kämpfen.

Bei gutem Wetter ist es aber eine wahre Freude, sich in den Sattel zu schwingen. Das äußert abwechslungs-

Über eine kurvenreiche Straße (oben) cruist man nach Clervaux hinein (rechts).

Für die Fotosammlung The Family of Man in Clervaux sollte ausreichend Zeit eingeplant werden.

reiche Gebiet der Luxemburger Ardennen, landessprachlich auch „Oesling" genannt, bietet für Motorradreisende Strecken in den unterschiedlichsten Schwierigkeitsgraden. Das liegt vor allem an der Landschaft, die sich sehr abwechslungsreich zeigt. Hügelige Abschnitte und tiefe, vom Wasser in Millionen Jahren gegrabene Täler machen den besonderen Reiz der Gegend aus.

Historische Vergangenheit

Über Obereisenbach erreicht man nach nicht einmal zehn Kilometern dann auch schon Clervaux, das gerne auch als „Perle des Nordens" bezeichnet wird. Die Stadt präsentiert sich als malerisches Kleinod mit historischer Vergangenheit und liegt im tiefeingeschnittenen Tal der Clerve. Überragt wird sie von der Benediktinerabtei St. Mauritius und St. Maurus, die 1910 erbaut wurde, und einem majestätischen Schloss, das sich auf dem Ausläufer einer Felszunge, der sogenannten „Lay", befindet.

Die Anfänge des Bauwerks verlieren sich im Dunkel der Zeit. Es wird vermutet, dass es im 12. Jahrhundert auf den Überresten eines ehemaligen römischen Kastells errichtet wurde. >

Die Pfarrkirche von Clervaux stammt aus dem Anfang des 20. Jahrhunderts.

Historische Gassen prägen das Zentrum von Wiltz.

Nach dem Zweiten Weltkrieg erwarb der luxemburgische Staat die während der Ardenneroffensive im Dezember 1944 vollständig ausgebrannte Ruine und ließ sie restaurieren. In ihrem Inneren sind heute die Ausstellung der Modelle der Burgen Luxemburgs, das Museum der Ardennenoffensive sowie die Fotosammlung The Family of Man zu bestaunen. Es handelt sich um eine von der UNESCO zum Weltkulturerbe gekürten Sammlung von 273 eindrucksvoller Fotografien aus 68 Ländern.

Edward Steichen war in den 1950er Jahren Direktor am Museum of Modern Art in New York. Sein Geburtsort: Clervaux. So kam es, dass die gesamte Ausstellung 1966 an den Staat Luxemburg übergeben wurde, mit der Bitte, sie dauerhaft im Schloss zu installieren.

Biermuseum im Schloss

Kurz darauf nimmt man Kurs Richtung Südwesten und erreicht über Eschweiler bald schon Wiltz, die Hauptstadt der Luxemburger Ardennen. Auch hier thront in der Oberstadt, und weithin sichtbar auf einer Hochebene erbaut, ein imposantes Schloss. Im Inneren wartet ein Biermuseum auf Besucher. Wer länger im Lande verweilt, kann sich auch zu einem Braukurs anmelden, für den ein Tag eingeplant werden muss. Eine Erkundung lohnt sich aber vor allem in der Unterstadt, die sich im Tal an den Ufern des namensgebenden Flusses Wiltz erstreckt.

Der Name Wiltz stammt aus dem Keltischen und bedeutet „am Bach“. Zunächst ein Stück entlang der Wiltz,

Wiltz hat zudem ein spannendes Biermuseum zu bieten.

führt die Tour später in einem östlichen Schwenk durchaus herausfordernd weiter. Über einige Serpentinen verläuft die Strecke hinauf nach Merkholtz und stürzt sich in noch tollerem Zickzack wieder hinab nach Kautenbach. Hier knickt sie dann Rechterhand gen Süden nach Bockholtz ab – wo es übrigens eine herausfordernde MotoCross-Strecke gibt – um in Bourscheid schließlich auszulaufen.

Die größte Burganlage

Auch hier gibt es eine eindrucksvolle, diesmal dreieckige Burg, die aber ausnahmsweise einmal nicht oberhalb der Stadt erbaut wurde. Sie liegt etwas außerhalb auf einem Felssporn, der von Nordwesten oder aus dem Sûretal heraus anzusteuern ist. Um das Jahr 1000 entstand aus einer zunächst hölzernen Befestigungsanlage das heutige grundsolide aus Stein erschaffene Château Bourscheid. Es ist die größte Burganlage des Landes und umfriedet eine Fläche von stattlichen 12 000 Quadratmetern. Im schönsten Zickzackkurs verläuft die Tour dann nordöstlich zurück nach Vianden. ◂

Château Bourscheid ist die größte Burganlage Luxemburgs.

TOUREN-STECKBRIEF

STRECKENLÄNGE
ca. 120 km

DAUER
Halbtagestour

HIGHLIGHTS
Biermuseum Wiltz, UNESCO-prämierte Fotoausstellung in Clervaux, Château Bourscheid – die größte Burganlage des Landes und vor allem die tollen Straßen in den luxemburger Ardennen.

CHARAKTER
Wenn auch nur kurz, so ist diese Runde dennoch gespickt mit fahrerischen Highlights. Kurvenreiche Pfade durchziehen die Ardennenausläufer. Die Straßen sind nahezu perfekt, die Tour auch für Frischlinge kein Problem.

Tour 3 Sauer macht lustig

Die dritte Tour durch Luxemburg führt von Vianden aus in einem südlichen Bogen durch so etwas wie den Nabel der Luxemburger Motorradwelt. In westlicher Richtung ist mit Ettelbruck schnell eine Stadt erreicht, deren Name auf den berühmt-berüchtigten Hunnenkönig Attila, der auch als Etzel bezeichnet wurde, zurückgeht. Seine Mannen sollen im fünften Jahrhundert hier eine Brücke über den Fluss errichtet und so für die spätere Besiedelung gesorgt haben. Erstaunlicherweise ist dem Ort seine lange Geschichte heute optisch – im Gegensatz zu den meisten anderen Städten des Herzogtums – kaum noch anzusehen.

Das liegt an mehreren Faktoren: So wüteten hier gleich mehrmals – in den

Idyllisch schmiegt sich Esch-sur-Sûre in eine Schleife des namensgebenden Flusses Sauer/Sûre und an den Fels unterhalb einer Burg (oben und rechts).

Jahren 1532, 1778 und 1814 – Großbrände. Vor allem der letzte hat beinahe das ganze Stadtgebiet vollständig zerstört. Die wiederaufgebauten Gebäude litten dann während der Ardennenoffensive gegen Ende des Zweiten Weltkriegs, sodass man sich im Anschluss erneut an die Errichtung von Neubauten machen musste, die das Erscheinungsbild noch immer prägen. Heute gilt Ettelbruck am Zusammenfluss der Sauer, der Alzette und der Wark als modernes Handels- und Geschäftszentrum.

TOUREN-STECKBRIEF

STRECKENLÄNGE
ca. 160 km

DAUER
Tagestour

HIGHLIGHTS
Ettelbruck, Esch-sur-Sûre, Tuchfabrik im Naturparkzentrum, Beaufort.

CHARAKTER
Die Strecke ist auch für Anfänger gut zu meistern. Sie ist ein nahezu perfektes Kurventraining mit griffigem Belag auf kleinen und mittleren Straßen.

Naturpark Obersauer

Weiter geht es ins Städtchen Esch-sur-Sûre. Es schmiegt sich sehr idyllisch in eine Schleife des namensgebenden Flusses Sauer/Sûre und an den Fels unterhalb einer Burg, in diesem Fall nur noch als Ruine erhalten. Gleich daneben befindet sich der Stausee Lac de la Haute Sûre. Beide gehören zum Naturpark Obersauer. Dem künstlich angelegten Gewässer ist es maßgeblich zu verdanken, dass diese Region eine stolze Tuchmachergeschichte vorzuweisen hat.

Herzstück des 1999 eröffneten Naturparks ist das Naturparkzentrum, welches sich in einer 200 Jahre alten Tuchfabrik befindet. Eine Ausstellung mit Maschinen, die teilweise aus den Anfängen des 20. Jahrhunderts stammen, verdeutlicht den Prozess der Tuchherstellung von der Rohwolle bis hin zur fertigen Ware. Noch heute wird an den Maschinen gearbeitet. Es werden Decken, Handtaschen sowie andere Accessoires, auch in Kooperation mit Nachwuchsdesignern aus der Region, hergestellt und damit das handwerkliche Erbe wachgehalten.

Knackige Kehren

Dann geht es gleich mal auf die umliegenden Höhenzüge, von denen aus sich mancher Weitblick übers kleine

Bis heute wird in der Tuchfabrik gearbeitet.

Kurvenspaß zwischen Boulaide und Bondorf.

Land eröffnet. Über ein paar knackige Kehren ist dann schon das westliche Ende des Stausees erreicht, über den die Pont Misère führt. Etliche Kurven machen den Motorradreisenden auch zwischen Boulaide und Bondorf fröhlich.

Grundsätzlich findet man in Luxemburgs Mitte immer wieder so manch eine Straße, die alles andere als geradeaus durch die Landschaft führt. Angenehm ist zudem, dass sich der Verkehr auf dem ungemein üppigen Straßen- und Wegenetz in Grenzen hält.

Entlang der Attert

Verantwortlich für diesen nahezu paradiesischen Zustand sind die vielen Bäche und Flüsse des Landes. Man muss nicht lange suchen, um erneut in einen Talschnitt abzuzweigen, durch denn sich ein Gewässer schlängelt. In diesem Fall ist es die Attert, die einen bis nach Colmar-Berg begleitet. Hier darf man bei einem Spaziergang gerne mal aufmerksam sein. Mit ein wenig Glück begegnet man Henri, der seit dem Jahr 2000 Großherzog von Luxemburg ist. Sehr wahrscheinlich ist dies zwar nicht, da er als äußerst diskret und publikumsscheu gilt. Dennoch befindet sich hier mit dem Schloss Berg die offizielle Residenz des luxemburgischen Staatsoberhauptes. Und nur als Tipp: Optisch ähnelt er ein wenig dem jungen Clint Eastwood.

Die sehenswerte Burgruine von Beaufort.

Ein paar Schwünge später ist dann – vorbei am Schloss Larochette – mit Waldbillig schon ein Gebiet mit märchenhaften Wäldern erreicht. Ein Halt lohnt sich auch in Beaufort, denn die Stadt geizt nicht mit kulturellen Sehenswürdigkeiten: allen voran das Renaissanceschloss sowie eine sehenswerte Burgruine.

In einer hübsch Kurvenvariation geht es gen Norden weiter nach Hoscheid, wo man scharf gen Osten abzweigt, um zurück nach Vianden zu gelangen. ◂

HOTEL INFOS

UNSER BASISLAGER

Im Auberge Aal Veinen „Beim Hunn“ sind Motorradreisende Gäste besonders herzlich willkommen. Bei der Lage ist dies auch nicht weiter verwunderlich. Der hübsche Ort Vianden befindet sich im Nordosten des Fürstentums und ist der ideale Standort, um von dort aus die luxemburgischen Ardennen oder auch Our- und Moseltal zu erkunden.

Die Herberge liegt zu Füßen des Schlosses. Als eines der ältesten Gebäude des Ortes hat das Hotel eine lange Geschichte zu bieten. So wurden die Räumlichkeiten in früheren Zeiten als Schmiede genutzt. Heute befindet sich darin aber eine rustikale Gaststätte.

Neben den gerade mal neun Zimmern, die Unterkunft bieten, geht es in der Küche deftig zu. Kulinarisch werden Spezialitäten vom Holzkohlegrill mit auserlesenen Weinen in einem behaglichen Ambiente geboten.

SPEZIELL FÜR MOTORRADFAHRER

Nach dem Motto „klein, aber fein“ gibt es neun charmant-rusikale Zimmer, die erst vor einiger Zeit modernisiert und renoviert wurden. Alle sind mit Dusche, WC und TV und gratis WIFI-Zugang versehen und verbinden zeitgemäßen Komfort mit dem Flair alter Mauern. Jedes Zimmer hat seinen individuellen, unvergleichlichen Charme. Motorräder parken gratis in der Garage. Der Chef hält zudem Tourentipps bereit.

HOTEL

Auberge Aal Veinen „Beim Hunn“
114, Grand-rue, LU-9411 Vianden
T. +352 7712 834368
www.beimhunn.lu
GPS 49.934200, 6.20166

Amsterdam
Niederlande
Paris

Salut **Wallonie**

Das kleine Königreich Belgien wird von Reisenden zumeist stiefmütterlich behandelt, zumindest wenn es um Touren auf dem Motorrad geht. Dabei braucht sich vor allem die Wallonie – der hauptsächlich französischsprachige Süden des Landes – hinter manch einer klangvoller klingenden Motorradregion in Europa nicht zu verstecken, bietet sie doch den Abenteuerspielplatz Ardennen. Dieses Mittelgebirge, das sich größtenteils auf belgischem Staatsgebiet erstreckt, aber auch Teile von Luxemburg und Frankreich bedeckt, ist für Motorradfahrer ein sowohl optischer als auch fahrerischer Genuss.

Die Charles-de-Gaulle-Brücke von Dinant ist mit insgesamt 28 hohen Saxofonen bestückt.

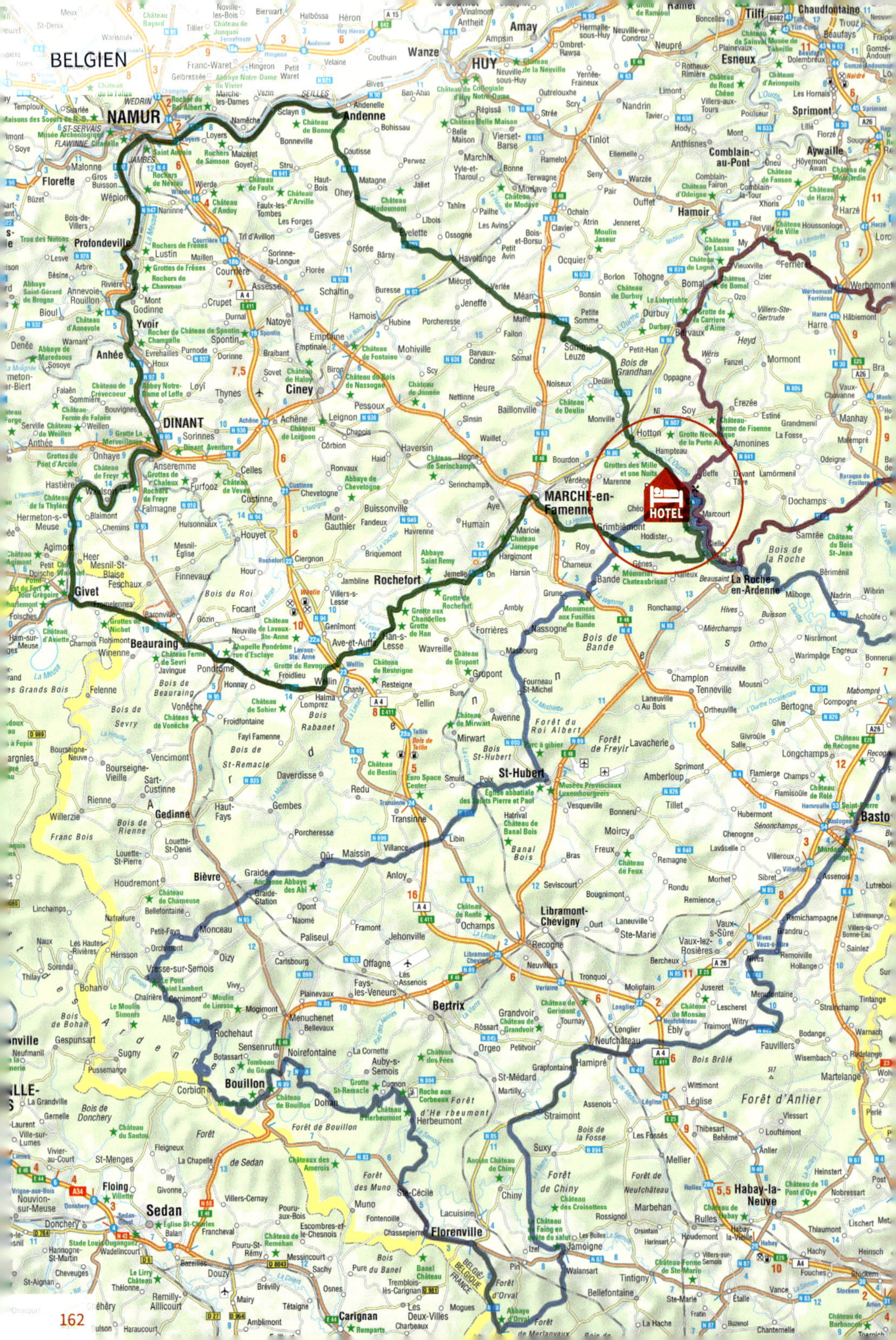
BELGIEN
NAMUR
Andenne
HUY
Amay
Wanze
Floreffe
Profondeville
Yvoir
Anhée
DINANT
Ciney
Havelange
Hamois
Rochefort
MARCHE-en-Famenne
HOTEL
Hotton
La Roche-en-Ardenne
Durbuy
Barvaux
Hamoir
Comblain-au-Pont
Aywaille
Sprimont
Esneux
Chaudfontaine
Givet
Beauraing
Gedinne
Bièvre
St-Hubert
Libramont-Chevigny
Bertrix
Bouillon
Sedan
Florenville
Neufchâteau
Habay-la-Neuve
Bastogne
Tenneville
Houffalize
Chiny
Carignan
Forêt d'Anlier
Bois de la Roche
Forêt de Bouillon
BELGIQUE FRANCE

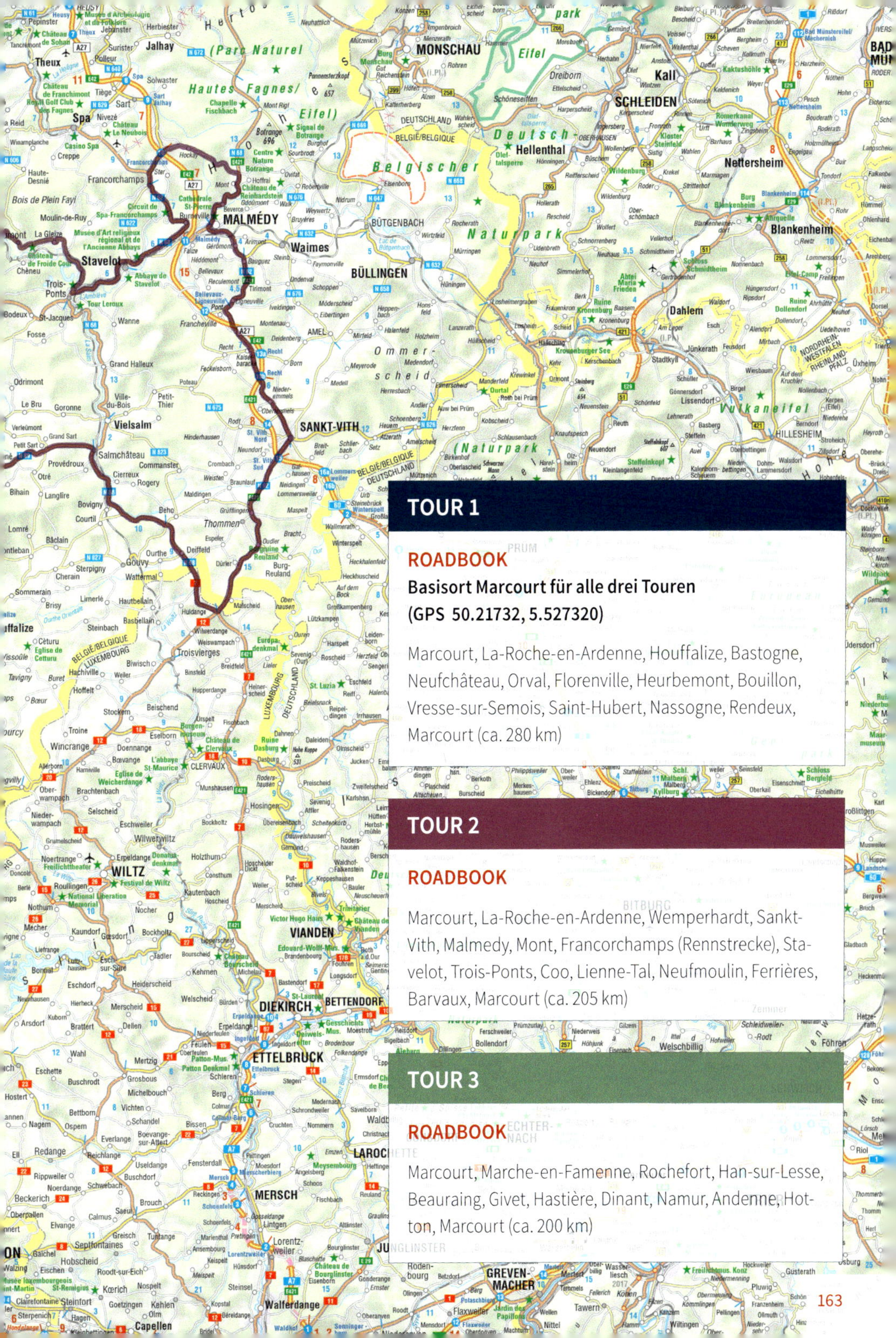

TOUR 1

ROADBOOK

Basisort Marcourt für alle drei Touren (GPS 50.21732, 5.527320)

Marcourt, La-Roche-en-Ardenne, Houffalize, Bastogne, Neufchâteau, Orval, Florenville, Heurbemont, Bouillon, Vresse-sur-Semois, Saint-Hubert, Nassogne, Rendeux, Marcourt (ca. 280 km)

TOUR 2

ROADBOOK

Marcourt, La-Roche-en-Ardenne, Wemperhardt, Sankt-Vith, Malmedy, Mont, Francorchamps (Rennstrecke), Stavelot, Trois-Ponts, Coo, Lienne-Tal, Neufmoulin, Ferrières, Barvaux, Marcourt (ca. 205 km)

TOUR 3

ROADBOOK

Marcourt, Marche-en-Famenne, Rochefort, Han-sur-Lesse, Beauraing, Givet, Hastière, Dinant, Namur, Andenne, Hotton, Marcourt (ca. 200 km)

Tour 1 Im Herzen der Ardennen

Die kleine belgische Ortschaft Marcourt, die zu Rendeux gehört, liegt so herrlich zentral, dass sie sich als Basis aller drei Touren durch Belgien bestens empfiehlt. Die erste Tour führt über La-Roche-en-Ardenne in einem südöstlichen Schwenk in das Grenzgebiet zum Großherzogtum Luxemburg und damit gleichzeitig auch in die Ardennen.

Bald erreicht man Bastogne, das wie das gesamte Gebiet von den Gräueln zweier Weltkriege in Mitleidenschaft gezogen wurde. Das Mardasson-Denkmal – gestaltet in Form eines amerikanischen Sterns – steht für die amerikanischen Soldaten, die im Zuge der berühmt-berüchtigten Ardennen-Offensive hier gefallen sind. Mit dieser Offensive ist der Vorstoß gemeint, der vonseiten der deutschen Wehrmacht im Winter 1944 durchgeführt wurde und viele Opfer forderte. Bastogne war über Wochen belagert, die zivile Bevölkerung litt dementsprechend. Das Denkmal befindet sich auf dem Mardasson-Hügel, der mit dem Motorrad angesteuert werden kann. Es liegt etwa drei Kilometer nordöstlich vom Zentrum. Ihm angegliedert ist das empfehlenswerte Bastogne War Museum.

Sternwarte der Ardennen

Weiter geht es in den Süden der Ardennen. Die Stadt Neufchâteau war schon in vorchristlicher Zeit besiedelt und lockt Besucher heutzutage vor allem mit dem Observatorium von Grapfontaine, dem Astronomiezentrum der Ardennen. Sowohl die Sternwarte, als

Blick auf das herrliche Semois-Tal.

auch das Planetarium können besichtigt werden. Es wurde im Jahre 2013 südwestlich von Neufchâteau auf einem von viel Grün umgebenen Hügel eingeweiht.

Inmitten ausgedehnter Wälder empfängt dann am südlichsten Punkt dieser Route die Abtei Orval ihre Gäste mit direkt an seinen Klostermauern ausgewiesenen Motorradparkplätzen. Ein sehr netter Service. Das Kloster wird – mit Unterbrechungen – schon seit mehreren Jahrhunderten von Trappistenmönchen geführt. Für alle, die in der katholischen Lehre nicht ganz so fit sind: Trappisten sind im Prinzip besonders strenge Zisterzienser, also jene Geistlichen, die im Kloster leben und dort nicht nur beten, sondern auch arbeiten. In Belgien sind noch insgesamt sechs Trappisten-Klöster zu finden. Allen gemein ist: Sie brauen Bier. Dies gilt auch für Orval, welches im Jahre 647 gegründet wurde.

Nicht nach Frankreich

Von dort aus lohnt es sich im Grunde kaum, sich nach dem Halt wieder auf das Motorrad zu schwingen, denn das nächste Etappenziel ist nur zwölf Kilometer entfernt. Natürlich macht man es trotzdem. Ein wenig Vorsicht ist geboten, denn wer nicht aufpasst, findet sich plötzlich im Nachbarland Frankreich wieder. Daher sollte man unbedingt den Hinweisschildern folgen und rechtzeitig abbiegen, um nach Florenville zu gelangen. Der Ort schmiegt sich malerisch an den Fluss Semois an. Einen Besuch ist der Ort aufgrund des Kirchturms von Notre-Dame de l'Assomption wert.

Dieser eignet sich ganz hervorragend als Aussichtsplattform sowohl auf das Semois-Tal, aber auch auf die Ardennen. Florenville selbst liegt schon auf einer Höhe von 400 Meter. Der 50 Meter höhere Turm kann – und sollte – daher zusätzlich bestiegen werden. Aber auch Leckermäuler kommen auf ihre Kosten.

Burg von Bouillon

Im herrlichen Zickzackkurs geht es Richtung Nordwesten und damit mitten hinein in das Herz der belgischen Ardennen. Schon bald erblickt man die mächtige Burg von Bouillon. Mit ihrem kaum zu entwirrenden Labyrinth aus Gängen und Fluren sowie den riesigen Gewölbesälen gilt sie als das älteste und interessanteste Relikt des Feudalsystems in Belgien – und als das größte. Angeblich soll sie schon seit dem

Ausgewiesene Motorradparkplätze am Kloster Orval.

TOUREN-STECKBRIEF

STRECKENLÄNGE
ca. 280 km

DAUER
Tagestour

HIGHLIGHTS
Mardasson-Denkmal in Bastogne, Observatorium in Neufchâteau, Abtei Orval, Kirchturm von Florenville, Burg von Bouillon.

CHARAKTER
Die Ardennen sind von kurvenreichen Straßen durchzogen und bieten manch fahrerische Herausforderung.

achten Jahrhundert über dem gleichnamigen Ort thronen, und Gottfried von Bouillon, der erste Kreuzritter, soll für den Bau verantwortlich gewesen sein.

Im Laufe der Jahrhunderte hatten dann die Burg und die unter ihr liegende allmählich anwachsende Stadt zahlreiche unterschiedliche Herren. Dieses Wechselspiel nahm erst 1851 ein Ende, als es von Frankreich an den neuen Staat Belgien ging.

Unter der Burg fließt der Fluss Semois. Dieser scheint das Zuhause der gut 6000 Einwohner in der Mitte zu teilen. Besucher haben dadurch die Qual der Wahl: Welche der beiden gleich hübschen Uferpromenaden soll erkundet werden? Am besten beide! Man sollte allerdings gut vorplanen: In den Sommermonaten ist die Stadt touristisch fast schon überlastet.

Grandioser Ausblick

Kaum zurück auf dem Motorrad, geht es – bergauf – wieder heraus aus Bouillon. Da die Kurven volle Aufmerksamkeit erfordern, ist tatsächlich ein Stopp an einem der Aussichtsplätze erforderlich, um das Panorama auf das sich unter einem erstreckende Semois-Tal würdigen zu können. Danach ist das kleine Städtchen Rochehaut erreicht, wäre allerdings nicht unbedingt eine Pause wert. Diese sollte man dennoch einplanen, da man von Rochehaut einen wirklich ganz grandiosen Blick auf die schiefergedeckten Häuser des Dorfes Frahan genießt, bevor es in einem nordöstlichen Bogen zurück nach Marcourt geht. ◂

Die Brücke führt über die Semois hinein ins Zentrum von Bouillon.

Das Malmundarium von Malmedy hält viele historische Exponate bereit.

Kloster-Tour

Tour 2

Bei der zweiten Tour durch Belgien erkundet man den nordöstlichen Teil des Landes. Es geht zunächst ein Stück durch das Ourthe-Tal, das durch die Kombination von wildem Fluss und schroffen Felsformationen begeistern kann. La Roche-en-Ardenne lohnt eine Erkundung. Die Stadt wird von einer mächtigen Burganlage dominiert, die aber leider nur als Ruine vorhanden ist.

Zunächst war das Bauwerk als römische Festung konzipiert und wurde später als Königsschloss genutzt. Während der Ardennenoffensive der deutschen Wehrmacht im Dezember 1944 und Januar 1945 wurden ein großer Teil der Burganlage, aber auch der Stadt, durch alliiertes Bombardement zerstört. Im Ort erhalten sind nur noch wenige Baudenkmäler, darunter die Kirche St. Nicolas. Außerdem sind ein Teil der alten Stadtbefestigung sowie ein kurios schiefer Turm auf dem Marktplatz erhalten geblieben.

Dort stehen auch ein originaler M4-Sherman-Panzer der amerikanischen Armee und ein Achilles SP 17pdr Geschütz der britischen Armee als Denkmäler zu Erinnerung an die Befreiung. Der Ort ist zudem ein prima Ausgangpunkt, um die Besteigung des höchsten Ardennengipfels Baraque de Fraiture (652 Meter) in Angriff zu nehmen; dieser ist von hier aus in knapp 20 Kilometern erreicht.

Historie Belgiens

Nach einem kurzen Abstecher nach Luxemburg, wo man das hübsche Wemperhardt durchquert, geht es über Sankt-Vith nordwärts weiter nach Malmedy. Dort lohnt der Besuch eines Klosters. Es heißt Malmundarium

Die Strecke des Circuit de Spa-Francochamps verlief früher teilweise über öffentliche Straßen.

und befindet sich in der hübschen Innenstadt. Auf einer Gesamtfläche von 3 000 Quadratmetern taucht man hier innerhalb der historischen Mauern interaktiv und sehr modern in die Historie Belgiens ein. Im Zentrum des Ortes selbst lässt es sich prima bummeln. Vor den Toren der Stadt beginnt bereits das „Hohe Venn". Dabei handelt es sich um eine grenzüberschreitende Landschaft, die als das größte Hochmoor Europas gilt. Auf belgischer Seite ist das Gebiet etwa 5 000 Hektar groß und steht unter besonderem Schutz.

Legendäre Rennstrecke

Liebhaber motorisierter Gefährte können gar nicht anders, als in Francorchamps die nächste Pause einzulegen, schließlich ist in dem kleinen Städtchen der Start- und Zielbereich der „Circuit de Spa-Francorchamps" zu finden. Schon seit 1925 wird auf dieser legendären Rennstrecke – mit Unterbrechungen – der Große Preis von Belgien im Rahmen der Formel 1 ausgetragen. Eröffnet wurde die ursprünglich 14,863 Kilometer lange Strecke schon vier Jahre vorher. Damals waren öffentlichen Landstraßen noch ein Teil des Kurses. Zudem gibt es die legendäre Eau Rouge: eine gefürchtete Kurvenkombination, die zudem in einer Senke liegt, was zu zahlreichen Unfällen mit auch tödlichen Verletzungen führte. Beschwerden und Fahrerstreiks sorgten dafür, dass dieser Circuit 1970 aus dem Grand-Prix-Kalender verbannt wurde.

Die Pause sollte 13 Jahre dauern, da bis dahin die erforderlichen Umbaumaßnahmen durchgeführt wurden. Seit 2001 sind die Landstraßenteile nicht mehr Teile des Kurses und dieser ist damit komplett für den öffentlichen Verkehr gesperrt. Allerdings war der Gesamtzustand laut Formel 1-Verantwortlichen so schlecht, dass der Grand Prix hier abermals nicht stattfinden durfte. Seit 2007 geht jedoch wieder alles seinen Gang. Besucher dürfen nach Voranmeldung hinter die Kulissen schauen und ganz Mutige sich im eigenen Fahrzeug zu festen Amateur-Terminen auf die Piste schwingen. Im Anschluss steht ein weiteres Kloster auf dem Programm.

Ehemalige Abtei

Dieses eignet sich ganz vorzüglich für alle Atheisten, denn in der (ehemaligen) Abtei von Stavelot ist kaum noch etwas Kirchliches übrig geblieben. Stavelot gilt als einer der ältesten Orte Belgiens, was vor allem auf die Gründung der Abtei im Jahre 648 zurückgeführt wird. Archäologische Überreste können auf dem renovierten Areal in Augenschein genommen werden. Zugleich beherbergen einzelne Gebäude der einstigen Abtei, die nunmehr durch gläserne Gänge miteinander verbunden sind, gleich drei sehr unterschiedliche Museen. Eines widmet sich dem in unseren breiten nahezu unbekannten französischen Dichter Guillaume Apollinaire (1880 – 1918).

Der zweite Bereich handelt von der Geschichte der Abtei und bietet zahlreiche interessante Exponate. Im prächtigen Kellergewölbe geht es um die belgische Rennszene. Hier finden sich allerlei schicke Autos und exotische belgische Motorrad-Oldtimer-Modelle der nicht mehr existierenden Marken wie FN, Gillet und Saroléa, wie die Ausstellung beeindruckend zeigt.

Die Antwort auf die Frage, warum es hier ein Museum dieser Art gibt, ist so schlicht wie einfach: Die legendäre Rennstrecke ist schließlich keine zehn Kilometer entfernt. Über das Lienne-Tal, das mit kurvenreichen Straßen begeistert, geht es schließlich zurück nach Marcourt. ◂

TOUREN-STECKBRIEF

STRECKENLÄNGE
ca. 205 km

DAUER
Tagestour

HIGHLIGHTS
La Roche-en-Ardenne, Ardennengipfel Baraque de Fraiture, Malmedy, Rennstrecke „Circuit de Spa-Francorchamps“, Abtei von Stavelot, Lienne-Tal.

CHARAKTER
Der nordöstliche Teil Belgiens ist kurvenreich und kann mit Francorchamps eine legendäre Rennstrecke bieten.

Motorrad- und Oldtimerausstellung in Stavelot.

Tour 3 Auf Uferstraßen

Mahnmale an verheerende Kriege gibt es so einige in den Ardennen (oben und unten).

Südwestwärts macht man sich auf, um von Marcourt aus den nördlichen Teil der belgischen Ardennen zu erkunden. Passiert wird abermals ein Stück des Ourthe-Tals. Ein erster Halt lohnt sich in Marche-en-Famenne. Die Eglise Saint-Etienne de Waha stammt aus dem zehnten Jahrhundert. Damit gilt sie als älteste erhaltene und noch in Gebrauch befindliche Kirche in ganz Belgien. Erst vor wenigen Jahren wurde sie aufwendig restauriert und begeistert seither mit modern Kirchenfenstern und einer stilvollen Deckenbemalung.

Kloster von Rochefort

Weiter geht es nach Rochefort, einem überaus hübschen Städtchen, das wie Orval in Tour 1 über ein Trappistenkloster verfügt. Dieses heißt Abtei Notre-Dame-de-Saint-Rémy. Im Jahr 1230 gegründet, wurde die Abtei mehrfach zerstört und immer wieder aufgebaut. Während der Gerstensaft im Mittelalter vorrangig dem Zweck diente, das verfügbare, meist schlechte lokale Wasser zu ersetzen, hat die kirchliche Biertradition heute einen regelrechten Kultstatus erlangt.

Ab Hastière prägt ein Fluss die sich vor einem ausbreitende Landschaft. Es handelt sich um die mächtige Maas (auf französisch heißt sie Meuse), die in den verschiedensten kriegerischen Auseinandersetzungen der Geschichte eine meist traurige Rolle einnehmen musste, da sie zum Schauplatz vieler menschlicher Gräueltaten wurde. In diesem Abschnitt strömt das Wasser zunächst noch eher träge dahin. Dabei ist die Maas der längste und einer der wasserreichsten Nebenflüsse des Rheins. Auf den folgenden Kilometern zeigt sie dann ihre beachtliche Breite.

Hansestadt Dinant

Besonders mächtig zeigt sich der Fluss vor dem Städtchen Dinant. Hier hat die Gewalt des Wassers im Laufe von Millionen Jahren das Gebirge der Ardennen durchbrochen und ein felsiges Tal erschaffen, dessen Bebauung gleich aus mehreren Gründen unbedingt lohnenswert ist. Was viele vermutlich nicht wissen werden: Dinant gehörte einst der Hanse an. Im Mittelalter blühte hier nicht nur das Messinghandwerk.

Gehuldigt werden sollte auch unzähligen Saxofonen, schließlich hat der berühmteste Sohn der Stadt das – aus Messing hergestellte – Instrument

Traditionelle belgische Schokolade gibt es bei Neuhaus in Dinant.

Der Fluss Semois ist auf dieser Tour allgegenwärtig.

TOUREN-STECKBRIEF

STRECKENLÄNGE
ca. 200 km

DAUER
Tagestour

HIGHLIGHTS
Ourthe-Tal, Eglise Saint-Etienne de Waha in Marche-en-Famenne, Abtei Notre-Dame-de-Saint-Rémy, Dinant.

CHARAKTER
Sowohl im Outhe-Tal als auch entlang der Mass ist gemütliches Cruisen gepaart mit traumhaften Panoramablicken angesagt.

1840 erfunden. Auch die Geburt von Adolphe Sax im Jahre 1814 wird hier nach wie vor mit Feierlichkeiten gewürdigt. Das ehemalige Geburtshaus ist heute natürlich ein Museum.

Wer mag, kann bei einem Rundgang auch die imposante Zitadelle mit einbeziehen. Sie befindet sich auf einem Felsen oberhalb der Stadt. Um die rund 100 Meter Höhenunterschied zu überwinden, kann man entweder 408 Stufen erklimmen oder sich bequem per Seilbahn hinaufbringen lassen.

Dinant war 1914 der Schauplatz eines der grausigsten deutsch-französischen Kämpfe, bei dem fast 700 Einwohner ums Leben kamen. Charles de Gaulle hatte kurz zuvor am Fluss versucht, das Eindringen der gegnerischen Truppen zu verhindern. Ihm zu Ehren wurde an jener Stelle eine Brücke mit seinem Namen errichtet, die heutzutage sogar der einzige Flussübergang in Dinant ist.

Saxofone als Symbol

Seit 2014 – dem 200. Geburtsjahr von Adolphe Sax – ist die Charles-de-Gaulle-Brücke mit insgesamt 28 mehr als drei Meter hohen Saxofonen bestückt, welche jeweils einen Mitgliedsstaat der Europäischen Union symbolisieren. Noch bis kurz vor Andenne folgt man dem Flusslauf, um dort in Richtung Südosten zurück nach Marcourt abzubiegen. ◂

Saxofone auf der Charles-de-Gaulle-Brücke in Dinant.

HOTEL INFOS

UNSER BASISLAGER

Das charmante Hotel Auberge La Grande Cure im Landhausstil liegt am Rande des belgischen Dörfchens Marcourt in den Ardennen – und ist von einem Garten ganz bezaubernd umrahmt. Hélène und Tim Christensen, die Betreiber, lernten sich an der Hotelschule kennen und führen das Haus nun schon seit dem Jahr 1999.

Der Chef des Hauses ist auch Küchenchef. Für seine Kreationen nutzt er ausschließlich saisonale Produkte aus der Region. Der Erholung nach der Tour dient vor allem der Wellnessbereich des Hauses. Highlight ist der Whirlpool unter freiem Himmel. Außerdem wird man kulinarisch am Abend mit einem mehrgängigen Menü auf Feinschmeckerniveau verwöhnt. Bewusst gibt es kein à la Carte, stattdessen werden Gäste immer wieder aufs Neue überrascht.

SPEZIELL FÜR MOTORRADFAHRER

24 stilvoll eingerichtete Zimmer stehen zur Verfügung. Kostenlose Parkplätze für die Motorräder gibt es in ausreichender Zahl.

HOTEL

Le Grand Cure
Les Planesses 12, BE-6987 Marcourt
T +32 84 47 73 69
info@lagrandecure.be
www.legrandcure.be
GPS 50.21732, 5.527320

Amsterdam
Niederlande
Brüssel

Landunter **am Meer**

Zum Motorradfahren in die Niederlande? Das hört sich für viele nicht gerade nach eine Traumreise an. Wenn man sich aber davon löst, dass eine Motorradreise immer nur aus Kurven und Bergen bestehen sollte, dann hat das flache Land mit seiner langen Küste einiges zu bieten. Es müssen schließlich nicht immer die höchsten Berge sein. Eine Motorradtour, die teilweise sogar unterhalb des Meeresspiegels verläuft, hat auch ihre Reize. Jedenfalls wenn man sich den Norden der Niederlande aussucht, der tatsächlich Holland heißt. Den restlichen Teil unseres Nachbarlandes so zu bezeichnen, ist schlichtweg falsch.

Durgerdam bietet gleich zum Anfang der Tour Postkartenidylle.

TOUR 1

ROADBOOK

Basisort Enkhuizen für alle drei Touren (GPS 52.702130, 5.290850)

Enkhuizen, Oosterdijk, Medemblik, Abschlussdeich IJsselmeer, Makkum, Hindeloopen, Zuiderweg (Deich), Lemmer, Urk, Lelystad, Markerwaarddijk, Enkhuizen (ca. 230 km).

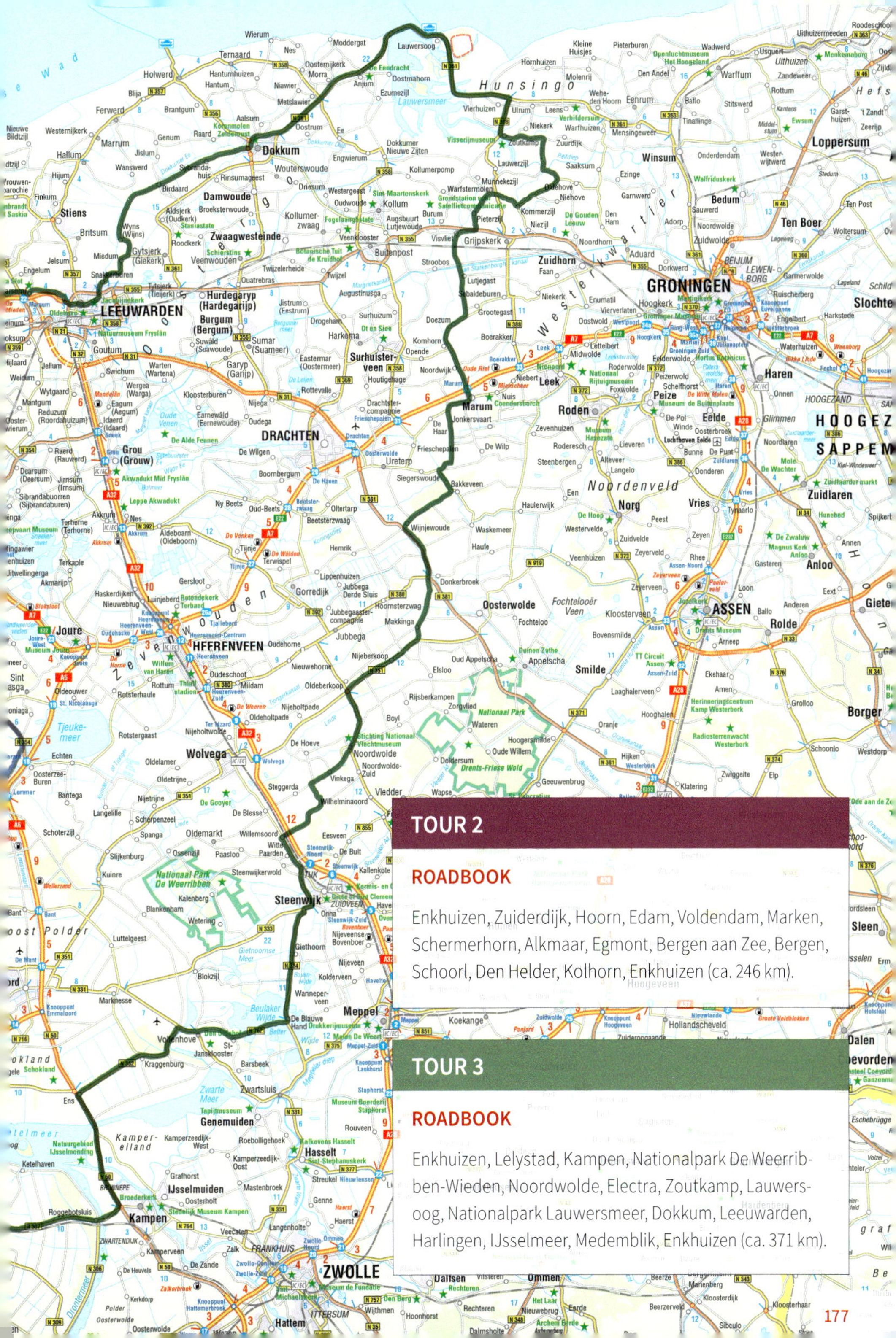

TOUR 2

ROADBOOK

Enkhuizen, Zuiderdijk, Hoorn, Edam, Voldendam, Marken, Schermerhorn, Alkmaar, Egmont, Bergen aan Zee, Bergen, Schoorl, Den Helder, Kolhorn, Enkhuizen (ca. 246 km).

TOUR 3

ROADBOOK

Enkhuizen, Lelystad, Kampen, Nationalpark De Weerribben-Wieden, Noordwolde, Electra, Zoutkamp, Lauwersoog, Nationalpark Lauwersmeer, Dokkum, Leeuwarden, Harlingen, IJsselmeer, Medemblik, Enkhuizen (ca. 371 km).

Tour 1 Über die Deiche

Enkhuizen, der Basisort durch für alle drei Touren in Holland, befindet sich im westlichen Teil des IJsselmeeres. Holland bezeichnet übrigens lediglich die Region im Norden der Niederlande mit den Provinzen Groningen, Friesland sowie Nord-Holland. Auch von der Bezeichnung „meer" darf man sich nicht in die Irre leiten lassen: Es beschreibt das, was wir unter See verstehen. Der niederländische Begriff „zee" dagegen wird benutzt, wenn eigentlich das Meer gemeint ist. Mit einer Fläche von 1 137,4 Quadratkilometern ist das IJsselmeer im Übrigen der größte See des Landes.

Die erste Tour führt im Uhrzeigersinn einmal um ihn herum. Über Oosterdijk und Medemblik geht es zum mächtigen Abschlussdeich, der das IJsselmeer von der Wattenzee, also dem Wattenmeer, trennt. Die Fahrt auf ihm ist spektakulär, und das obwohl die Autobahn A7 leider die einzige Straße ist, die über ihn führt, denn die Ausblicke auf See und Meer sind überwältigend.

Kleine Straßen verlaufen teilweise auf den Deichkronen entlang des IJsselmeers.

Die letzte große Flut

1927 begannen die Arbeiten, nachdem die letzte große Flut 1916 die weit ins Land reichende Zuiderzee, einen Meeresarm der Nordsee, derart anschwellen ließ, dass weite Teile der nördlichen Niederlande „Land unter" meldeten. Fünf Jahre dauerten die

Arbeiten, bis zu 5000 Arbeiter setzten Stein auf Stein, um den Deich zu schließen. Ende Mai 1932 war es dann so weit. Mit dem Abschlussdeich entstand über die Jahre ein Süßwassersee – das IJsselmeer – aus dem ehemaligen Meeresarm. Und Geld spart der Deich dem Staat auch noch. Seither müssen über 200 Kilometer weniger Dämme und Deiche instand gehalten werden. Auch die Metropole Amsterdam ist vor den Fluten der Nordsee geschützt. Den finalen Beweis für die Sinnhaftigkeit des Bauwerks trat der Deich bei der Sturmflut 1953 an. Er hielt stand und bewahrte die gesamte Region vor den Nordseewellen.

Geradeaus über den Deich

32 Kilometer geradeaus verläuft die Strecke über den Abschlussdeich. Nach einem Drittel lohnt ein Stopp am Vlietermonument mit Aussichtsturm, der an der letzten Schließstelle errichtet wurde. Auf halber Strecke gibt es zudem einen Rasthof. Und am östlichen Ende stehen auf der ehemaligen Arbeitsinsel Kornwerderzand massive Kasematten als Teil eines ehemaligen Militärstützpunkts. Heute sind auch ein Kriegerdenkmal sowie ein kleines Museum zu diesem Teil der Geschichte zu finden.

Mit dem Ende des Deichs ist auch Friesland erreicht. Hier schwenkt man nach Süden und folgt dem Uferver-

Moderne Kunst am Abschlussdeich.

Das hübsche Zentrum von Hindeloopen.

Auf der Hebebrücke geht es über den Kanal.

lauf des IJsselmeers. Einer der schönsten Orte und sicher eine ausgiebige Besichtigung wert ist Hindeloopen. Man fühlt sich wie in einem Museumsdorf zwischen dem farbenfrohen Jachthafen und den an schmalen Grachten liegenden Backsteinhäusern, die über einige Hebebrücken erreicht werden können. Die Zufahrt ist zwar nur Einwohnern gestattet. Doch lässt sich das überschaubare Areal gut zu Fuß erkunden.

TOUREN-STECKBRIEF

STRECKENLÄNGE
ca. 230 km

DAUER
Tagestour

HIGHLIGHTS
Abschlussdeich zwischen IJsselmeer und Wattenzee, Hindeloopen, Urk, Fahrt auf dem Deich, Ketelmeerbrücke, Markerwaarddijk, Navidukt und Zuiderzeemuseum bei Enkhuizen.

CHARAKTER
Erstaunlich viele Kilometer lassen sich auf Deichkronen zurücklegen. An einigen wenigen Stellen ist ein Autobahnabschnitt alternativlos, etwa auf dem Abschlussdamm (A7) oder bei der Verbindung nach Lelystad (A6).

Ehemalige Insel

Eine Pause lohnt sich auch am lebendigen Hafen von Urk, der ältesten Gemeinde Flevolands. Zu Frühzeiten ihrer Besiedlung war Urk sogar noch eine Insel und erst 1942 durch Trockenlegung des Noordoostpolders dauerhaft mit dem Festland verbunden. Hier beginnt dann mit dem Domineesweg eine wahrlich ungewöhnliche Motorradstrecke: Man rollt über weite Teile auf dem Deich von Dorf zu Dorf – und zwar nicht, wie sonst üblich, dahinter, sondern ganz oben auf dessen Krone. Da so ein Deich ja der Küstenlinie angepasst ist, ergibt sich eine abwechslungsreiche Fahrt mit ungewöhnlichen Aussichten.

Auf den paar Folgekilometern über die Ketelmeerbrücke ist die Autobahn als Verkehrsweg abermals alternativlos. Zwei Ausfahrten nur, aber anders ist Lelystad nicht zu erreichen. Man umgeht das Zentrum auf der N307 und nimmt direkten Kurs auf das letzte Dammerlebnis des Tages: den Markerwaarddijk. Auf 28 Kilometern trennt er das IJsselmeer vom Markermeer. Gleichzeitig schuf er eine neue, viel Zeit sparende Straßenverbindung zwischen Lelystad und Enkhuizen in Noord-Holland. Auch diese Überfahrt ist mit dem Motorrad ein Erlebnis, ein Kampf mit den Elementen. Selbst bei schönstem Wetter kann auf beiden großen Deichen am IJsselmeer starker, bisweilen böiger Wind pusten. Da dürfen die Lenkerenden schon mal etwas beherzter umschlossen werden.

Unter dem Meeresspiegel

Eine Besonderheit ist das Navidukt bei Enkhuizen. Hier wird der Schiffsverkehr mit Schleusen zwischen IJssel- und Markermeer geregelt. Der Autoverkehr unterfährt das Bauwerk auf 10,8 Metern unter dem Meeresspiegel! Und direkt danach wartet mit dem Zuiderzeemuseum eine Anlage, die sicher einen Abstecher wert ist.

Rund 140 Gebäude wurde aus verschiedenen Ortschaften rund um die frühere Zuiderzee zusammengetragen und geben Besuchern des Freilichtmuseums einen Eindruck vom Leben und Arbeiten rund um den alten Meeresarm. Lebendiger kann Geschichte kaum sein. ◂

Der Damm Markerwaarddijk trennt auf 28 Kilometern das IJsselmeer vom Markermeer.

Tour 2 Holländischer geht nicht

Stets dem Uferverlauf folgend, führen die ersten Kilometer dieser Tour am nordwestlichen Teil des Markermeers entlang. Bald darauf darf dann eine kurvenreiche Deichkrone unter die Räder genommen werden, die einen schwungvoll nach Hoorn bringt. An der schmucken Innenstadt mit ihren vielen historischen Baudenkmälern ist abzulesen, welche Bedeutung einst von ihr ausging. Schließlich hatte die Ostindienkompanie einen ihrer Sitze hier. Zudem ist Hoorn der Geburtsort des Entdeckers Willem Cornelisz Schouten, der 1616 erstmals die Südspitze Südamerikas im Detail beschrieb und sie Capo Hoorn nannte.

Der nächste Ortsname stimmt einen dann schon mal auf eine niederländische Delikatesse ein: Käse! Aber Edam ist mehr als nur Käse, ein Spaziergang durch die lauschige Innen-

Von Edam (oben) geht es weiter nach Marken (rechts).

stadt lohnt sich mit oder ohne kulinarische Kostproben. Nur wenige Kilometer später, immer auf dem oder mindestens am Deich entlang, zweigt man zu der früheren Insel und heutigen Halbinsel Marken ab. Mit dem Motorrad kann man bis zur Inselmitte vordringen, dann ist Schluss. Der Ort Marken ist wie die meisten Teile des Eilands motorisiert nur für Anwohner erreichbar – oder zu Fuß.

Typische Holzschuhe

Holländischer als hier kann es eigentlich kaum werden. Gleich im ersten Gebäude lockt eine historische „Klompenmakerij" mit einer Ausstellung zur Geschichte dieses typisch holländischen Schuhwerks. Außerdem kann man die Herstellung beobachten. Binnen Minuten wird aus einem schlichten Stück Holz unter den geübten Händen des „Klompenmakers" ein schmucker Schuh. Bevor man sich allerdings dazu hinreißen lässt, die Motorrad-„Klompen" gegen Holzschuhe zu tauschen, macht man sich besser auf den Weg ins Dorf.

Hier fallen sofort die erhöht gebauten Häuser auf, typisch für Marken, weil die Insel bis ins 20. Jahrhundert hinein regelmäßig überflutet wurde. Nachdem 1932 der Abschlussdeich der Zuiderzee geschlossen wurde, herrscht zwar kaum noch Flutgefahr. Dafür fiel die Haupteinnahmequelle der Insulaner – der Fischfang – weg.

Über den Damm steuert man aufs Festland zurück und schwenkt in Richtung Alkmaar ein. Entlang der N243, erheben sich unterwegs drei markante Windmühlen in den Himmel. Eine beherbergt ein interessantes Museum, denn diese Windmühlen wurden nicht zum Mahlen von Getreide genutzt, sondern waren Teil ein

Die Halbinsel Marken kann nur zu Fuß erkundet werden.

TOUREN-STECKBRIEF

STRECKENLÄNGE
ca. 246 km

DAUER
Tagestour

HIGHLIGHTS
Hoorn, Edam, Halbinsel Marken, Alkmaar, Nordholländische Dünenreservat, Huisduinen, Den Helder.

CHARAKTER
Die kleinen, schmalen Straßen sind ziemlich verkehrsarm und eine Freude zu fahren. In Alkmaar und Den Helder kann es wie bei größeren Städten üblich mitunter etwas chaotischer werden.

groß angelegten Wasserwirtschafts-Initiative am Schermeer. 52 solcher Exemplare halfen ab 1633, den bis zu vier Meter tiefen See trockenzulegen und im Anschluss das Land urbar zu machen. Bis zu 60 000 Liter Wasser kann eine Mühle pro Minute auspumpen! Und die drei Exemplare hier am Wegesrand sind noch heute voll funktionsfähig.

Minus zwei Meter

Was Landgewinnung hier bedeutet, zeigt wenig später ein Blick aufs Navi. Es werden tatsächlich minus zwei Meter Meereshöhe angezeigt! Das erklärt sicher auch, warum der Wasserstand des parallel zur Straße führenden Kanals ungefähr an der Dachunterkante der Häuser und Gehöfte steht, die sich an seinen Damm schmiegen.

In Alkmaar steuert man die Waagplein an. Dort befindet sich der zentrale Käsemarkt der Stadt, der immer freitags stattfindet. Zudem gibt es das Holland Kaasmuseum, das sich seit 1983 im gleichen historischen Gebäude befindet wie die gigantische Käsewaage, die noch heute an Markttagen

Das Museummolen bei Alkmaar eröffnet einen Einblick in die Geschichte der niederländischen Wasserwirtschaft.

zum Einsatz kommt. Am anderen Ende des Platzes wartet passend dazu das Nationaal Biermuseum De Boom, das in einer ehemaligen Brauerei untergebracht ist auf Besucher.

Im Windschutz der Dünen

Dann lockt die Nordsee – und mit ihr das Nordholländische Dünenreservat, eines der größten Naturschutzgebiete des Landes. Über Egmont und Bergen aan Zee geht es nach Schoorl, wo ein Kletteranstieg auf den „Klimduin“, eine 51 Meter hohe Sanddüne, in Angriff genommen werden sollte. In voller Motorradmontur ist dies eine Herausforderung. Die nächsten Kilometer verbringt man auf der verkehrsarmen N 502 unmittelbar im Windschutz der Dünen, die sich von Camperduin bis an die Nordspitze des Festlands auftürmen.

Wie strategisch wichtig diese Landzunge seit jeher war, lässt sich an den historischen Festungsanlagen rund um Huisduinen ablesen. Gleich nebenan und fast vollständig von Wasser umgeben wird noch immer der Militärstützpunkt Fort Erfprins unterhalten. Der gehört zu den umfangreichen Anlagen, die Den Helder einst zum wichtigsten Marinestützpunkt des Landes machten.

Das ist allerdings in Zeiten eines vereinten Europas Geschichte. Und der kann man gut im Marinemuseum der Stadt auf den Grund gehen. Vom Windjammer bis zum ausgedienten U-Boot gibt es hier einiges zu besichtigen, was früher mal die Landesgrenzen schützen sollte, bevor man nach Süden abdreht und bei De Kooy auf Ostkurs einschwenkt, um über Kolhorn zurück nach Enkhuizen zu gelangen. ◂

Sonnenuntergang über der Nordsee in Bergen aan Zee.

Tour 3 Friesische Mischung

Über Lelystad und Kampen geht es in einem Südostschwenk zunächst mitten hinein in die Provinz Overijssel und den Nationalpark De Weerribben-Wieden. Es handelt sich um das größte Tiefmoorgebiet Nordwesteuropas. Äußerst charmant präsentiert sich Giethoorn: Zahllose reetgedeckte Bauernhöfe wurden auf kleinen Torfinseln erbaut und sind mit über 170 Holzbrücken verbunden.

Reetgedeckte Häuser auf kleinen Torfinseln in Giethoorn.

Rüber nach Friesland

Nur wenige Kilometer nördlich davon passiert man die natürlich unsichtbare Provinzgrenze und rollt nach Friesland hinüber. Weiter gen Norden geht es über kleine Wege entlang Kanälen – und schon hat man dann auch die nächste Provinz erreicht: Groningen. Weithin sichtbar ist die Pumpstation De Waterwolf. Es ist ein Stück niederländisches Industrieerbe, nötig zur Landerhaltung. Und ein Stück interessanter Technikgeschichte, denn wenn es um die Gewinnung von Land geht, sind die Niederlande sicher eine der führenden Nationen. Seit Jahrhunderten trotzen sie der See jeden möglichen Quadratmeter ab. Dies zu erhalten, bedarf es einiges an Technik, darunter eben Pumpstationen wie „De Waterwolf" in einem Dorf namens Electra in der Provinz Groningen.

Museum, Café und ein Shop untergebracht in einer ehemaligen Kirche – das ist „de Theefabriek".

Rund um den Tee

In der Gemeinde Houwerzijl lohnt sich der Besuch von „De Theefabriek". In einer ehemaligen Kirche treffen sich heute Gäste der Teestube. Außerdem befindet sich ein spannendes Museum zum Tee, zu seiner Geschichte und seiner Zubereitung in ihm.

Eine Delikatesse der ganzen anderen Art sollte man in Zoutkamp kosten. Mit tollem Blick auf den Hafen ist die Palingrokerij Gaele Postma viel mehr als nur eine Fischräucherei. Im Fischgeschäft kann man sich seine Wahl auch zubereiten lassen und vor Ort essen. Mit Lauwersoog ist dann auch schon der Eingang zum Nationalpark Lauwersmeer erreicht.

Der ist ein übrigens ein Zufallsprodukt. Das Gewässer hieß früher Lauwerszee und war die zum Wattenmeer hin offene Mündung der Lauwers.

Bunte Häuserfassade am Hafen von Zoutkamp.

Cruisen durch den National-park Lauwers-meer.

Nach einigen Sturmfluten wurde zum Schutz des Binnenlandes ein Damm errichtet, der so gewonnene Meeresboden trockengelegt und die Landschaft dann sich selbst überlassen. So entstand eine einzigartige Flora und Fauna – Grund genug, sie als Nationalpark zu schützen.

Zurück zum Ausgangspunkt am IJsselmeer geht es über Leeuwaarden.

TOUREN-STECKBRIEF

STRECKENLÄNGE
ca. 371 km

DAUER
Tagestour

HIGHLIGHTS
Nationalpark De Weerribben-Wieden, Pumpstation De Waterwolf in Electra, De Theefabriek in Houwerzijl, Fischräucherei in Zoutkamp, Nationalpark Lauwersmeer, Kulturhauptstadt von 2018 Leeuwaarden.

CHARAKTER
Die Tour ist vergleichsweise lang, größtenteils von kurvenreichen Straßen durchzogen und für jedermann bestens geeignet.

Gerade 2018 erst Kulturhauptstadt Europas gewesen, widmet sie sich vornehmlich der Geschichte seiner Provinz: Friesland.

Pisa-Pendant

Das beeindruckende Fries Museum verfügt über immerhin 170 000 Artefakte zur friesischen Geschichte. Kam man schon zu Beginn der Runde auch mit der jüngeren Geschichte in Berührung, so lässt sich das im Verzetsmusem dann im Anschluss noch vertiefen. Es berichtet vom Widerstand gegen den Nationalsozialismus im Zweiten Weltkrieg. Museumsmuffel finden allerdings genügend Alternativen in der schmucken Altstadt rund um das ehemalige Handelszentrum Waag.

Lustig ist auch das Wahrzeichen der Stadt. Der nie vollendete Kirchturm Oldehove neigt sich Jahr für Jahr ein Stückchen weiter und macht seinem Pendant in Pisa damit so langsam Konkurrenz. ◂

HOTEL INFOS

UNSER BASISLAGER

Am inneren Hafen, und damit mitten im Zentrum von Enkhuizen gelegen, befindet sich das Hotel Die Port Van Cleve. Eingerichtet wurde es in einem historischen Haus aus dem 17. Jahrhundert.

Die Räumlichkeiten sind im Laufe der Jahrhunderte immer wieder verändert worden, so dass Besucher sich heute über einen Stilmix erfreuen können. Erst vor wenigen Jahren wurden die Räumlichkeiten aufwendig renoviert.

Nach der Tour kann man sich auf der Terrasse, die man auf der Südseite des Hauses findet, bei einem Drink und dem Blick auf den alten Hafen entspannen – oder bei gutem Wetter auch zu Abend essen. Alternativ wird im hoteleigenen Restaurant gespeist, in dem lokaltypische Spezialitäten – und längst nicht nur Frittiertes – angeboten werden.

SPEZIELL FÜR MOTORRADFAHRER

Das Hotel bietet 24 Hotelzimmer und einen hoteleigenen Parkplatz direkt hinter dem Haus.

HOTEL

Hotel Restaurant Die Port van Cleve
Dijk 74/76
NL-1601 GK Enkhuizen
T +31 228 31 25 10
info@deportvancleve.nl
deportvancleve.nl
GPS 52.702130, 5.290850

HERAUSGEBER

TVV Touristik-Verlag GmbH | Werner Henschel Str. 2 | D-34233 Fuldatal-Ihringshausen
Tel.: +49 - (0) 561/400 85 - 0 | Fax: +49 - (0) 561/400 85 - 21
info@bikerbetten.de | www.bikerbetten.de

Vertretungsberechtigter Geschäftsführer: Peter Schmitz
Registergericht: Kassel | Registernummer: 13254
Umsatzsteuer-Identifikationsnummer gemäß § 27 a Umsatzsteuergesetz: DE813611060

REDAKTION Snežana Šimičić; Stephan Fennel

FOTOS Alpbachtal Seenland Tourismus / G. Grießenböck (64); ALPENTOURER-Archiv: Zürcher (62) / Uli Biggemann (84, 96); Auberge Aal Veinen (159); Bad Leonfelden Tourismus (98); Bikerranch (67); Ulf Böhringer (80); Bugatti Museum (123); Château Wagenbourg-Soultzmatt / Vincent Schneider (124); CRT Franche Comté (136, 137, 138, 140, 142); Creative Commons: Jens Galschiøt-CC BY-SA-3.0 (20) / JJ55-CC-BY-SA 3.0 (73) / Johann Jaritz-SA-3.0 (74) / Wolfgang Sauber-CC-BY-SA 3.0 (98) / Wernain S.-CC-BY-SA 3.0 (125) / Neptuna-CC-BY-SA 3.0 (127), C.S Booms-CC-BY-SA 3.0 (179); Czech Tourism: Jiří Koptík (44) / Pavel Ouředník (46) / Karel Nováček (47) / Jiri Berger (50) / Vyssi Brod (92) / Český Krumlov (94) / Lipno (95); Dansk Landbrugsmuseum (19); Erlebniswelt Granit (89); Michael Engelke (111) Stephan Fennel (13, 16, 17, 18, 19, 57, 58, 81, 105, 106, 107, 108, 109, 110, 113, 141, 151, 154, 157, 165, 167, 169, 171, 175, 178, 179, 180, 182, 183, 186, 187, 188); Gasthaus Sonnenhof (99); Gasthof Hassler (83); Gerlos Alpenstraße (65); Giethoorn (186); Glasstadt Rattenberg (60); Gramastetten (91); Jürgen Grieschat (24, 28, 29, 30, 31, 32, 33, 34); Fyens.dk (22); Hotel A la Cour d'Alsace (129); Hotel Fryderyk (35); Hotel Le Grand Cure (173); Hotel Restaurant Die Port van Cleve (189);Hotel Rous (51); Hotel Saluver (115); Hotel St Pierre (143); Innsbruck Tourismus (62); Johammer (93); Kärnten Werbung: Motorradland Kärnten (68, 72, 76, 77, 79, 80, 82) / Franz Gerdl (75, 79) / Uwe Geissler (76) / Tine Steinthaler (78); Thomas Krämer (36, 40, 41, 42, 43, 44, 45, 47, 48, 49, 50, 101); Linz Tourismus (91); Mémorial et nécropole / Jacques Robert-SGA_DMPA (127); Mont Sainte Odile / Daniel Alexandre (126); Mühlviertel Tourismus (97); Museummolen (184); Nassfeld.at/tinefoto.com (74); Norsminde Kro (23); Eberhard Nowatzki (114); ÖAV Warnsdorf-Krimml (64); Oberösterreich Tourismus (88, 90) / Patrick Langwallner (88); Route de l'Absinthe / Guillaume Perret (134); Frank Sachau (60, 61, 63, 114, 128); Peter Schmitz (116, 120, 121, 122); Snežana Šimičić (8, 12, 13, 14, 16, 15, 18, 19, 52, 56, 59, 131, 134, 135, 137, 139, 140, 142, 149, 150, 151, 154, 158, 160, 164, 166, 168, 170, 171, 172, 180, 185); summitpost.org/Szani Uherkovich (17); swiss-image.ch: Christof Sonderegger (104, 105, 107, 112, 113); Textiles Zentrum Haslach (92, 93); VisitKerteminde (21); Visit Luxembourg (144, 148, 152, 153, 155, 156, 158); VisitOdense (21); VisitVejle (20); Zillertaler Höhenstraße (66)

UMSCHLAGGESTALTUNG TVV Touristik-Verlag GmbH
KARTENBASIS © Kunth Verlag GmbH & Co. KG
ROUTEN ALPENTOURER – Europas Motorrad-Tourenmagazin, Wuppertal
PRODUKTION MoTourMedia, Wuppertal
LEKTORAT Text-o-Pix, Wuppertal
DRUCK UND WEITERVERARBEITUNG Silber Druck oHG, 34266 Niestetal

Die GPS-Daten gibt es zum kostenlosen Download auf **www.bikerbetten.de**.
Alle Angaben dieses Werks wurden von den Autororen sorgfältig recherchiert.
Für die Richtigkeit der Angaben kann jedoch keine Haftung übernommen werden.

ISBN 978-3-937063-86-7